吴遵民 / 著

现代国际终身教育论

（修订版）

本书初版获第三届全国教育科学研究优秀成果奖（2006年）

Modern International Lifelong Education Theory

(Revised Edition)

上海教育出版社

再版前言

《现代国际终身教育论》问世于 1999 年，那时我尚在日本求学。时任上海教育出版社副总编的袁正守女士来日组稿，遂有幸与其相识。袁总编因我是沪籍留学人员，又专攻终身教育研究领域，即表达了希望我以此为题撰写书稿的意愿。受此嘱托之后，我即放下手头正在写作的博士论文，投入了资料收集、书稿撰写的准备之中。就当时的日本而言，社会各界对终身教育的推进都非常积极与热诚，学界的理论成果也硕果累累，实践推进更是富有成效。而反观当时国内，对终身教育的研究才刚刚起步，且无论是理论还是实践都处在一个亟须充实的状态。因此，为了更好地推介国际终身教育理论的发展趋势与实践动态，我遂以此为主题，就现代国际终身教育的理论及其发展进行了深入介绍、评析与展望，继而希望在对国际终身教育理论发展的社会背景、历史脉络、理论流派进行分析的基础上，深入了解世界各国终身教育在国际机构与组织的推进下的发展现状和实践走向，以此为国内终身教育的理论研究与实践开展提供某种借鉴与启发。

书稿完成并出版之际，正值国内社会借改革开放之东风快速发展之时，当时社会各界都对教育转型有了更高的期待，由此触发了国内对终身教育关注的持续升温。当时，中央发布的多个重要教育政策文件都将发展终身教育、构建终身教育体系列为教育改革的重大方针或战略，同时理论界和实践界也对国际终身教育的最新发展动向投入了极大热情。为此,本书作为国内第一本系统介绍与研究国际终身教育思想和理念的专著,一经出版即受到学界的关注与好评,有的学者甚至认为此书为起始阶段中国终身教育的发展起到了理论奠基的作用。2006年,此书荣获第三届全国教育科学研究优秀成果奖。

自1999年出版以来,时间已过去了20年,而今中国终身教育的发展也今非昔比,发展终身教育作为国家重大发展战略已多次被写入党和国家的重要文件,实践层面也取得了丰硕的成果。然而,理论研究仍相对滞后,对终身教育内涵的理解时有偏差,由此造成不少对终身教育的误解与误读,甚至影响到国家终身教育政策的制定与相关立法的推进。为此,继续加强理论研究,回归终身教育的本质原点,仍是当前中国终身教育研究面临的瓶颈与重要课题。正是基于上述原因,上海教育出版社副总编袁彬女士与原教育室主任周晟先生决定对《现代国际终身教育论》一书予以修订出版。《现代国际终身教育论(修订版)》基本保持原有风貌,仅在最后一章作了增补与修订,其内容包括对中国终身教育发展现状与展望的描述,以及对未来中国终身教育体系进行构建的思考。上述修订部分也是本人回国20年来研究中国终身教育的最新成果。

此书再版之际,我还要以特别感激的心情感谢上海教育出版社近20年来的一贯信任与支持,正是袁正守、袁彬等新老领导的热诚支持、信任与鼓励,才激发了我研究与写作的热情,而本书的再次出版则完全印证了作者与编者之间建立互信与互动关系的重要。此书的再版也得到了责任编辑王佳悦、美术编辑郑艺等的热情支持,在此一并致以深切的谢意。

最后谨以此书献给所有关心和支持终身教育的新老读者们。

吴遵民

二〇二〇年七月三十日于上海

Foreword

第一版前言

自20世纪60年代中期以来,在联合国教科文组织及其他有关国际机构的大力提倡、推广和普及下,终身教育作为一个极其重要的教育理念已在全世界广泛传播。许多国家在制定本国教育方针、政策或构建国民教育体系框架时,均以终身教育的理念为依据,以终身教育理论提出的各项基本原则为基点,并以实现这些原则为主要目标。还有更多的国家在全面致力于提高国民素质、促进本国经济发展的同时,将终身教育视为最重要的战略手段。因而,在当今社会,若要论及何种教育理论抑或何种教育思潮最令世界震动并引起世人极大关注,无疑当数终身教育。而且,终身教育的诞生引发的巨大作用力和影响力,实际上远远超越了教育自身的范围。政治、经济、文化,甚至日常生活领域,也都受到其冲击波的强烈震荡。

随着现代终身教育思想的普及和深化,已开始有越来越多的国家和地区对终身教育具有的重要性和深远意义产生了深刻而清醒的认识;同时,也有更多政府在推广终身教育的实践活动中取得了积极进展。然而,更令人感到鼓舞和振奋的是,已有越来越多国家的普通市民,为充实自身的精神生活,提高自身的道德素养,开始自觉投身实践和推广终身教育理念的浪潮中去。在即将迈入21世纪的今天,在历史即将作出百年更迭的时刻,终身教育思潮已席卷全球,终身教育倡导的理念和各项基本原则已深入人心。

中国在终身教育理论的引进和实践推广方面，虽比西方一些发达国家起步要晚，但随着国内经济建设的迅速发展和改革开放取得的巨大成功，终身教育思想的推广和新教育体系的建立等也已列入中央及地方各级政府的议事日程。其鲜明的例子是，公布于1995年3月18日，1949年以来首部《中华人民共和国教育法》，在第十一条中明确地规定，要"建立和完善终身教育体系"。上海市政府在提出"创建一流城市，实施一流教育"口号的同时，还积极组织有关专家、学者着手研究家庭教育、学校教育和成人教育三者之间融合与衔接的可能性，以及进一步设想建立综观大局的终身教育体系。这些积极而又具体的构想和措施无疑具有非常重要的意义，因为它不仅反映中国政府锐意推行终身教育的决心，而且标志中国在实践终身教育理念的进程中将从此迈上一个新的台阶。

为了将当前国际终身教育发展的理论动向和实践状况及时介绍给国内同行，并为有关方面提供参考，笔者在集留学海外多年从事成人教育、终身教育理论研究的心得，参考大量有关终身教育理论最新发展动态资料的基础上，撰写了此书。书中的一些重要观点和主要内容，还分别被国家教育委员会终身教育研究课题上海分课题组、上海市重点教育研究课题"建立有中国特色的终身教育体系的研究"课题组采用。

本书分上、下两篇，上篇主要以论述现代终身教育的基本理论为主；下篇则着重讨论西方发达国家在实施终身教育，努力提高本国国民素质方面采取的方针、政策和立法等举措。

本书撰写过程中，曾得到大学时代的挚友、上海成人教育杂志社副编审项秉健兄的积极支持和鼓励；在此书尚处在写作与构思阶段时，华东师范大学成人高等教育研究室主任、教授叶忠海先生就给予了积极热情的评价，并率先希望拙稿在中国成人教育协会成人高等教育理论研究会与华东师范大学共同主办的《成人高等教育研究》杂志上以连载的形式发表，在此，我谨致以深深的谢意。此外，在本书即将完稿之际，笔者又得到了深为尊敬的前辈学者、上海市成人教育委员会副主任郭伯农先生，以及数年如一日，在笔者留学日本期间曾付出极大心血，并给予深深教诲的日本国立神户大学发达科学学部教授、恩师末本诚先生的鼓励，他们在百忙之中为本书撰写了序言。在衷心表示感谢的同时，他们在序言中表达出的，对中国终身教育未来发展抱有的热切关心和期待，以及对笔者的诸多鞭策和鼓励，都将继续激励笔者矢志不移地从事终身教育的研究。

在此，笔者还要由衷地感谢为本书顺利出版付出重要努力的上海教育出版社的领导及其同仁，因为他们的支持和信任极大地激发了笔者的写作热情。已进入博士课程后期并正处在论文执笔最繁忙阶段的笔者，能提前并顺利完成此书的撰写，不能不说是编者与作者共同努力的结果。

最后，笔者还借此机会由衷地感谢十几年来相濡以沫的妻子黄欣，以及为抚育我的爱女倾注了极大心血的岳父母，是他们始终如一的积极支持和勉励，才使笔者能摆脱后顾之忧，克服留学生涯中的种种艰难与困苦，全身心地投入这时时充满孤寂与荆棘的学术耕耘之中。

终身教育是一门新兴学科，同时也是涉及范围广泛的一个庞大研究领域。笔者在本书中述及的内容和论点,仅仅是这个研究领域中的沧海一粟而已。但有一点是笔者一直坚信的,即随着时代的发展,终身教育的理论将不再被束之高阁,对终身教育的研究,也将不再是少数专家、学者的专利,它终将逐步走向社会,走向生活,并逐渐被生活在这个时代的所有人认识。正是基于这样的信念,笔者甘愿冒才疏学浅之嫌,决心将此书奉献给广大读者,所期待的亦只是它能起到抛砖引玉的作用。

限于笔者个人的时间和能力,本书在撰写过程中难免会出现各种不足与谬误,对此敬请读者批评指正。

吴遵民

一九九八年四月二十九日于日本神户甲南寓所

序一

在1999年全国教育工作会议上,江泽民同志说:"终身学习是当代社会发展的必然趋势。要逐步建立和完善有利于终身学习的教育制度。"他既指出了当代教育发展最显著的特征,又指明了教育建设的一个重要方面。

那么什么是终身学习?在中国,从基础教育到成人教育,无论是教育的内容和层次,还是教育的对象,我们的"四大板块论"其实早已包括终身教育内部的组成。那么为什么还要提出终身教育和终身学习的理念?这个理念又为什么是当代社会发展的必然,而不在更早的时候,比方说100年以前形成?

所有这些问题,人们久已思考并发表了多种看法。但总体说来,即使在教育界内部,有关终身教育和终身学习的理论也还远不能说已经成熟,有的人只是把它看作成人教育的一个别名,有的人则把它看作教育四大板块的简单相加;在另一个极端,也有人把它看作独立于外的一个新的模块,因而忙着建立"终身教育学校"。

在中国经济发达的东南沿海地区,终身学习不再仅仅是一个理念,而已是活生生的现实,教育的实践正在鞭策迟缓不前的教育理论。

我有幸参加了"终身教育的立法研究"这一研究课题。作为课题担纲人,我深感困惑的是,人们对终身教育这一深刻的当代教育命题缺乏足够的理论素养和对实践背景的理解。

在这种情况下,吴遵民先生的这本书无疑有雪中送炭之功。在这本书里,作者以生动而丰富的笔触,介绍了终身教育作为人类的美好理想是如何诞生,如何发展,如何成为教育主体思潮的。他从世界众多研究者的书中撷其精华,揭示了终身教育观的历史和社会背景,它的必然性和它的现实性。对世界各国终身教育制度的比较研究,更是吴遵民先生这本书的学术价值所在,像这样详尽的比较、丰富的资料和中肯的点评,实在不可多得。相信中国的教育工作者,无论是侧重理论研究还是侧重实践探索的不同学者,都会喜欢并从中获益。

吴遵民先生负笈东瀛,穷数年之功,写出这样一本书,其勤奋好学,胸怀大志,可见一斑。他的视力远不如常人,为这本书付出的心血和代价可想而知,我真为他的眼睛担心。在此,遥寄对他成功之作的赞赏,也祝他事业不断进步。

郭伯农
一九九九年六月

序二

我的友人吴遵民君所著的第一本书即将在中国出版,我不禁感到由衷的高兴。

八年以前,吴君孤身一人来到我的研究室,就当时的他来说,初次来到一块完全陌生的土地,并且不能自由地用日语交流,其间经受的艰难困苦是难以言喻的。尤其是三年前,他更遭受了那场突如其来并具毁灭性威力的阪神大地震的袭击。但即使在那样艰辛的条件下,他仍孜孜不倦,克服了种种难以想象的困难,终于完成了此书的写作。这种坚韧不拔的毅力非常值得敬佩。

本书的主题是终身教育,这是目前世界上最受人们关注的一个教育理念。吴君在此书中,不仅从理论上对终身教育理念涉及的基本问题进行了探讨,而且对各国终身教育的实践作了系统的整理和广泛的介绍,从而对终身教育的整体形象作出了某种全面的揭示。

日本也是一个正在推行终身学习政策的国家。但现实的状况显示,其实施的政策与既存的制度之间还存在某种混乱的现象,而且出现的问题不少。若究其原因,我认为,其中之一就是对终身教育理念的研究还不够深入,以致出现了在理解上的不准确。可以说,这也是我们在研究上不够努力造成的失误。因而吴君的这一次尝试,即在对终身教育的原理进行深刻且广泛的探究的同时,还尝试着寻求一种切实有效的实施方法,这在如何将终身教育的理念转变为具体化政策的操作过程中,无疑是一个不可或缺的环节。

在中国,职业教育和成人教育均有着悠久的历史,而且无论是在理论上还是在实践上,也都比日本要成熟。鉴于终身教育正是在继承以上传统的基础上,并且是为进一步发展这一传统而被提出和倡导的新理论,因此从这个意义上说,吴君的著作无疑对这一理论的发展作出了贡献。而这也正是吴君千里迢迢来到日本学习,并且与之相识以来,我的一个最由衷的愿望。

末本诚

一九九八年六月于日本神户大学

注:末本诚,日本社会教育学会理事、国立神户大学发达科学学部成人学习论讲座主任、社会教育学教授。

目录

上篇 现代终身教育的基本理论

第一章 现代终身教育论的产生及其社会背景 >3
第一节 终身教育——一个现代社会面临的古老课题 >4
第二节 现代终身教育论的基本概念 >12

第二章 现代终身教育论的发展、演变和深化 >25
第一节 1965年后终身教育论的演变与深化 >26
第二节 民主与实践的终身教育论的诞生 >56

第三章 现代终身教育理论展开的国际动向和主要课题 >87
第一节 现代终身教育理论展开的国际动向 >88
第二节 现代终身教育面临的主要课题 >101

下篇 世界各国终身教育的实践和发展动向

第四章 日本终身教育的实践和展开 >119
第一节 日本终身教育理念的导入和展开 >120
第二节 日本终身教育的实践与发展现状 >124

第五章　美国终身教育的结构和现状 　>141

第一节　美国终身教育发展的社会条件 　>142
第二节　美国终身教育的特征及问题 　>165

第六章　英国终身教育的发展动向和现状 　>169

第一节　英国开展终身教育的历史 　>170
第二节　英国继续教育、高等教育和职业技术教育的开展 　>175

第七章　法国终身教育的现状和展望 　>187

第一节　法国终身教育的发展历史 　>188
第二节　法国的继续职业教育制度 　>192
第三节　法国终身教育的未来展望和课题 　>199

第八章　德国终身教育的发展状况 　>201

第一节　德国终身教育的现状 　>202
第二节　德国终身教育的实施机构 　>210
第三节　德国职业继续教育的实施机构及对个人的援助 　>215
第四节　德国终身教育的展望和评价 　>219

第九章　中国终身教育的发展现状和展望 　>223

第一节　终身教育发展的中国经验 　>224
第二节　中国终身教育体系构建的思考 　>241

主要参考文献 　>254

上篇

现代终身教育的基本理论

第一章

现代终身教育论的产生及其社会背景

> 就教育而言,人类必须通过年龄的各个阶段来获取全部的知识,并且任何人都可以通过终身的学习来确保知识的获得。
>
> ——《关于公共教育全体认识的报告书及其法案》

第一节 终身教育——一个现代社会面临的古老课题

一、终身教育思想的起源及其历史发展——关于古典终身教育论的解说

人的一生都应该接受教育的思想,在世界许多国家且很长的历史时期中即已存在。对于这一论点,世界各国研究者的意见目前已趋向一致。日本的《生涯教育字典》以及美国的一些终身教育专著,都对古典的终身教育思想作过专门的介绍与论述。标志着欧洲近代社会开端的法国大革命期间,终身教育思想也有了进一步的发展和更具体的体现。1789年法国大革命胜利后不久,在递交给国民议会的一系列教育法案中,就首次强调终身教育并不仅仅通过"每个个人的自觉和努力去实现",而且必须通过"公教育",即"扩大教育机会,制定新的教育政策"等措施来予以保证。一份关于"公教育"的提案这样写道:"若认为教育仅仅是限定于儿童和年轻人的活动,那绝对是社会的偏见。"[①]另一份由法国大革命时期教育思想家马奎斯·孔多塞(Marie Caritat de Condorcet)提出的公共教育计划书(全名为《关于公共教育全体认识的报告书及其

---

① タレイラン他.法国革命期的教育改革构想[M].志村镜一郎,译.东京:日本明治图书,1972:182.

法案》),对终身教育作了更为明确的概括:"就教育而言,人类必须通过年龄的各个阶段来获取全部的知识,并且任何人都可以通过终身的学习来确保知识的获得。"孔多塞进一步认为,"教育应作为人的权利的一部分"。从这一立场出发,公立学校则不仅仅限于儿童,还必须对"所有市民"无偿开放,教师也应成为"市民"教育的主要担当者。

在英国,成人教育委员会1919年《最终报告书》中也有非常具体的体现。该报告书指出,"通过对现有中等教育的民主化、大众化"的改革进程,设想"在义务教育年限的延长线上"来"实现作为继续教育的成人教育机会的扩充"。这一强调对既往教育体制从根本及整体上进行再构建,也即主张让学校教育与成人教育互相结合的思想,在第二次世界大战后西欧一些主要国家中已受到相当的重视。这一教育设想或主张的实质已非常接近现代终身教育论提倡的基本理念。有关这方面的代表性事例还可举出不少。第二次世界大战期间,法国反法西斯运动的展开过程中,加斯通·巴什拉(Gaston Bachelard)等人曾提出"终身学校"(l'ecole Permanente)的思想,而这一思想在第二次世界大战结束后被写进了法国的宪法。颁布于1946年的法国宪法曾作出以下明确规定:"在任何阶段"对儿童或成人实施"无偿的及非宗教的公共教育"都将被视作"国家义务"予以保障。

在中国,类似的终身教育思想同样早有广泛传播。民间即流传有"活到老,学到老"的古老格言。伟大的教育家孔子更在《论语·为政》篇中提出人生修养的"阶段学说"。孔子认为,人从15岁起至70岁止,只要不断致力于自身的修养并追求学问研究,就可分别达到"志学、而立、不惑、知命、耳顺、从心"的境界。在日本,由于早期受中国儒家程朱理学及佛教的影响,不仅接受了儒家的思想和政治理念,而且把一生应不间断地学习奉为个人生活和修养的至高目标。

综上所述,我们大致可得出如下结论:有关终身教育的思想早已散存于人类历史长河的各个时期。1965年以来,以联合国教科文组织成人教育推进国际会议正式推出提倡终身教育的提案为契机,掀起的全球性推广终身教育的热潮,则可被视作上述历史现象的必然延续和深化,此两者间应无绝对的鸿沟或本质性的差别。国内外的专家学者现均倾向于将或散见于历史典籍,或流传于民间的点点滴滴关于终身教育的思想,定义为"古典终身教育论";1965年以后以联合国教科文组织为代表的世界性教育组织或行政机构积极倡导并大力推行的终身教育理念,则称为"现代终身教育论"。

二、现代终身教育论的诞生——1965年成人教育促进国际会议的成果和意义

终身教育思想虽早已存在,但这一思想最终汇集成一股强大的思潮、一种意义深远的理念和一个完整的科学体系,进而得到全世界广泛提倡、推广和普及,无疑要归功于联合国教科文组织多年来的大力倡导和积极推行。尤其是保罗·朗格朗(Pari Lengrand)、罗伯特·哈钦斯(Robert. M. Hutchins)、埃托雷·捷尔比(Ettore Gelpi)等一批先后在联合国教科文组织终身教育部门担当重要职务的成人教育专家,以及经济合作与发展组织(Organization for Economic Co-operation and Development,OECD)、经济合作与发展组织教育研究与创新中心(Centre for Educational Research and Innovation,CERI)等组织和研究机构在现代终身教育论的创立与理论体系的完善等方面作出的不懈努力和重大贡献。

早在20世纪40年代末至60年代初,联合国教科文组织即开始终身教育的系统研究,并在各种场合就终身教育的提倡与实施的可能性展开讨论。例如,1949年在丹麦埃尔西诺尔召开的第一届国际成人教育大会,1960年在加拿大蒙特利尔召开的第二届国际成人教育大会,均就终身教育的课题进行过广泛的探讨(当时"终身教育"一语尚未正式使用,但在论及对成人教育和一般教育的改革时,已有为数不少的人认为,必须运用终身教育的观念)。

1965年12月,联合国教科文组织第三届成人教育委员会在巴黎召开成人教育促进国际会议,当时的会议议长,联合国教科文组织成人教育计划处处长朗格朗正式向会议提交"关于终身教育"的提案(该提案的标题原文为法语"education permanente",意即"永久教育"或"恒久教育",后经联合国教科文组织改用英译"lifelong education",即"终身教育",日本则译为"生涯教育")。在此提案中,朗格朗就未来终身教育的发展提出五个目标:

(1)(社会)要为人的一生(从生至死)提供教育(学习)机会。

(2)各级各类教育的实施必须协调与统合。

(3)小学、中学、大学及其地区性社会学校,以及地区性文化中心发挥的教育功能(政府或社会)应予以鼓励。

(4)(政府或社会)应促进针对本国公民有关劳动日的调

整、教育休假、文化休假等制度或措施的实施。

（5）为了对以往的教育观念作根本的改变，应使此理念（终身教育）渗透进教育的各个领域。

会议认真审议了朗格朗的提案，最终一致赞同向联合国教科文组织总部事务局局长提交一份劝告书。该劝告书提出："人从诞生起直至死亡的一生都必须接受教育。"这一决议性文件后被联合国教科文组织以研究报告书的形式公开发表，随后又被众多国家译成多种文字广为流传。1965年成人教育促进国际会议的成功召开，不仅标志着以联合国教科文组织为中心的各国际性组织及机构对提倡终身教育理念的努力已取得完全一致的成果，而且以此为契机，有关终身教育的论议开始在世界众多国家大规模展开，以确立终身教育体系为目标的教育改革运动也以前所未有的态势在世界各国推进。以上这一切，再次明白无误地向世人展示——终身教育的时代已经来临。

三、现代终身教育论确立的社会背景

联合国教科文组织早在20世纪40年代末至60年代初就开始终身教育的推广与普及工作，而1965年的成人教育促进国际会议可被看作上述活动的续篇，并为之提供了一个正式发表与审议的机会。那么，终身教育的理念何以一经提出，即在世界各国、社会各阶层引起如此普遍又巨大的共同反响，并在极短时间内被大范围传播并获得广泛响应？这无疑与当时的国际社会文化、经济和各种内在因素的变化有关。针对这些变化中的因素对终身教育理念的影响，日本生涯教育学

会的学者总结归纳出以下三点。

一是新时期社会、职业、家庭日常生活的急剧变化,导致人们必须更新知识观念,以获取新的适应能力。20世纪50年代末60年代初,技术革新和社会结构发生急剧变化。这一巨大变化不仅反映在生产、流通、消费等领域的经济结构、过程和功能方面,甚至还体现在社会日常生活方式与普通家庭生活中。鲜明的例子之一是就业形态有了很大的改变,尤其是女性参加工作日益普遍,国际交流也开始在普通市民之间展开(国际交流的概念在过去似乎只停留在或仅限于政府和外交人员之间,但是开放的世界和时代使国际交流开始在普通市民之间也能平常地进行)。在这种社会结构的急速变化中,人们面对的将是全新的职业、家庭和社会生活。若要与之相适应,人们就必须以新的知识、技术和观念武装自己。终身教育强调人的一生必须不间断地接受教育和学习,以不断地更新知识、保持应变能力,其理念恰好符合时代、社会和个人的实际需求,因此一经提出即受到前所未有的重视,也就理所当然了。

二是人们对现实生活和自我实现的要求不断高涨。第二次世界大战结束后,随着经济社会的发展,人们的生活条件日益改善。尤其是机械、电子器具的普及使人们摆脱了相当部分的体力劳动。而劳动时间的短缩(如双休制的实行等),医疗技术、健康科学的发展,以及家庭的"核心化"(以三口之家为主)、少子化倾向,也使现代人不仅平均寿命增加,而且自由支配的时间更充裕。这些外部条件的改善促使现代人开始注重精神生活的充实,期望通过个人努力实现自我完善。而随着这些要求和期望的不断增强,以及人们的审美要求和层次的不断提高,又使人们只有自觉通过不间断的自主学习,才能达到理想的境界。这种高层次高品质的精神追求,仅靠一次性的学校教育显然难以实现,反之,只有借助终身教育的支持和实施终身学习计划才有可能完成。

三是人们要求对传统学校教育甚至教育体系进行根本性改革,期望产生一种全新的教育理念。近代学校教育制度建立以来,学校在担负培养和塑造年青一代的责任方面,确实起到了其他社会活动所不能替代的作用。然而自20世纪60年代以来,由于社会变化日新月异,学校教育内部的矛盾、弊病和问题也与日俱增。例如,逃学儿童的大量出现(恐校症),校园内斗殴、寻衅闹事、酗酒等现象的增多,考试竞争的激化,中途退学者的增加,以及竞争造成的学校差别扩大和唯学历造成的学校与社会的严重脱节,等等。学校教育中出现的这种种所谓病理性的矛盾和弊端,必然会波及社会和家庭,并造成不良影响。在这种情况下,人们普遍希望能从根本上对传统学校教育制度进行改革,并迫切期待产生一种新的教育理念,以突破和超越旧教育理念的束缚。而提倡学校开放,提倡学校教育、家庭教育与社会教育(成人教育)三者有机结合的终身教育理念,正是站在对旧有学校教育制度和原理进行改革与推进的立场上,自然受到极大的欢迎。

除上述分析归纳外,现代终身教育理念的第一提倡者朗格朗对此也有精辟的论述。在《终身教育引论》(*An Introduction to Lifelong Education*)一书中,他指出:"要证明教育是现代社会的必需,目前尚不能给予很满意的解答。同样,教育也不能发现社会内部关系的不平衡和各种变化。为解决这样的问题,考虑在目前人们日常和普遍的教育与训练的要求中引入新的教育理念,可以说,舍此以外将别无他法。"① 朗格朗还在该书的第一章"对现代人的挑战"中,将现代终身教育论的诞生原因详细归结为九个方面。概括而言:

(1) 现代社会各种变化的加速(思想、习惯、思维方式等)。

(2) 人口的增加(尤其是发展中国家人口数量和发达国家人口平均寿命的增加)。

(3) 科学技术的进步(已影响社会生活的各个方面)。

(4) 政治领域的挑战(现代社会市民对政治的关心和参政意识的增强)。

(5) 快捷的传媒(使个人与世界的联系更为紧密)。

(6) 余暇时间的增加(现代社会的进步使个人的余暇时间增加,而如何为余暇时间提供丰富的精神活动应是教育者的责任和工作)。

(7) 生活方式和人际关系间的危机(时代的更迭使既存的生活形式和传统的人际关系发生剧变,人们已无法继承过去,唯有在摸索中开拓未来)。

(8) 精神与肉体的不平衡(现代社会的种种变化使人的精神和肉体的平衡性遭到严重破坏)。

(9) 意识形态的危机(社会的瞬息万变使现代人对特定意识形态的信仰变得更为困难)。

朗格朗认为现代社会的以上变化是对现代人的挑战,要

---

① 保罗·朗格朗.终身教育入门[M].波多野完治,译.东京:全日本社会教育联合会,1984:60-63.

应对这个挑战,终身教育是最有效的手段之一。

第二节 现代终身教育论的基本概念

一、关于概念的整理

"终身教育"这一术语自朗格朗在联合国教科文组织1965年主持召开的成人教育促进国际会议正式提出以来,短短数年间已在世界各国广泛传播,直到现在,人们仍在为实现终身教育提出的各项基本原则和目标付出艰苦不懈的努力。然而,颇使各国专家学者感到困惑与棘手的是,一方面终身教育理念的迅速传播确实使它达到所谓家喻户晓的程度。例如,现在无论是教育行政的主管部门,还是工厂企业的管理者,甚至是一般市民,都或多或少会在各种场合议论或使用这一术语。另一方面,人们实际上大多并不能真正理解或正确使用这一术语,甚至一些专门从事终身教育的工作者实际上也未必都能十分明确地把握其实质。尤其是近十几年来,与终身教育内容相似但表述完全不同的术语仍在源源不断地产生,如"终身学习""学习化社会""回归教育",以及之前就已存在的"成人教育""社会教育""继续教育",等等。这一切无疑进一步增加了人们理解终身教育概念的困难。对此,日本社会教育学者末本诚曾一针见血地指出,围绕终身教育概念出现如此多的"暧昧"用语,无疑会为终身教育课题的研究带来概念上的混乱。[①] 因此,若要明确终身教育理念的确切含义,

---

① 末本诚.生涯学习论[M].东京:Eidell研究所,1996:7.

首先就这一术语的概念进行一番整理与分析,显然是非常必要的。

若单从字义上看,"终身教育"似可简单地理解为"贯穿人的一生的教育",但这种解释相对确切的定义而言未免过于简单。事实上,概念限定的不严密性甚至导致了终身教育在实际的推广与实行中出现偏差和混乱。例如,有些国家将终身教育作为促进本国经济的重要战略手段;而有些国家将终身教育与企业内教育并提;有的国家甚至将终身教育视为"万能灵药",可治社会百病。这些从不同角度、立场和利害关系出发,各取所需式的理解,显然都与概念的不确定性有着密切的关联。究其原因,显然与"终身教育"这一术语包含与涉及方面的广泛性、多样性和复杂性有关。另一个原因则是"终身教育"这一术语最初被提出时,相关国际组织实际上并未就这一概念取得一致的认识。即使是提案者本人朗格朗,也未必已对此术语作出满意而确切的定义。正如朗格朗曾一再表明,他提出的"终身教育"术语,还仅仅是一种构想、观点或理念,尚未形成严格的定义。[①] 对此,原日本东京大学教授、社会教育学家宫坂广作曾作出这样的评论:"正确地说,正因为其(终身教育)存在着'ambiguity'性(意即模棱两可、意义不明确),故可以较容易地被各方面接受。"[②]宫坂广作的观点固然有值得商榷之处,但其观点的确从某一方面反映出终身教育概念迄今尚存的模糊性和不确定性。

---

① 宫坂广作.生涯学习的理论[M].东京:明石书店,1990:2.
② 同上:3.

上一节中已经提及,"终身教育"这一术语最初被提出时为法语"education permanente",意为"永久教育",之后再由联合国教科文组织改译成英语"life-long integrated education",①译成中文即"终身统合教育"或"一体化教育"。"统合"(integrated)一词原为终身教育理念在实施过程中倡导的一种具体方法,即在一定秩序中赋予存在于社会之中的各种教育资源,如教育设施、机构、学习场所等新的意义,并重新加以整理,使之能发挥更大作用。②但事实证明,有关"统合"(一体化)的提法,极易造成概念理解或政策实施中的误解和偏差。例如,日本政府1971年公布的有关社会教育审议会的答申报告中曾对终身教育作出以下表述:③"就终身教育的考虑方式而言,其并不单纯指个人对一生继续学习的要求,而是更多反映了社会对实现家庭教育、学校教育和社会教育三者之间有机统合的期待。"④毋庸赘言,对于终身教育,它着重强调的是"终身"和"统合"两个方面,而其依据的就是上述"life-long integrated education"的表面字义。但若以此为定义,那么新的问题就在于,当初提倡的终身教育,其对象应包括哪些人?而这一教育活动又应由"谁"进行"统合"?终身教育理论的提出者朗格朗认为,"终身教育应在每个不同的教育训练阶段,由每个个人在不产生矛盾的情况下作统一和协调的努力"。⑤显然,朗格

---

① ② 末本诚.生涯学习论[M].东京:Eidell研究所,1996:136.
③ 该答申报告的原标题为"关于社会教育在急剧变化的社会构造中应有的作用"。
④ 日本生涯教育学会.生涯学习事典(增补版)[M].东京:东京书籍,1992:551.
⑤ 保罗·朗格朗.终身教育入门[M].波多野完治,译.东京:全日本社会教育联合会,1984:58.

朗所指的对象是学习者自己,而"统合"的主体自然也应为学习者自身。毋庸置疑,上述日本政府的理解与朗格朗的观点大相径庭。从日本政府公布的答申报告的精神来看,其实质是提倡由国家或教育行政机构来实施对学校教育、家庭教育和社会教育三者的"统合"。就此,日本社会教育学者末本诚曾表示强烈的不满。他指出,终身教育最初被引入日本时,其研究范围实际上并不仅仅局限于社会教育或成人教育,而是在相当程度上以取代学校教育为议论基础。受此影响,日本自治体(地区行政机构)的教育行政部门甚至迄今仍以终身教育表面字义显示的"统合"或"体系化"的解释为其中心任务进行行政调整。针对这种情况,末本诚指出:"这种只求整体的统合化或体系化的论调,不重视或无视个别的、独自性的特质,不仅是无益的,甚至是危险的。"[①]末本诚在这里尖锐批评的实质上正是日本政府推行的终身教育政策。他认为,这一政策的工作重心并非要求将终身教育置于保障全体国民的教育权利之上,而是恰恰相反,政府一味强调的实质意图是期待通过突出国家的一元化主导体制实行对教育的所谓全面"统合"。末本诚还认为,这里且不论这一"统合"的实质内容是什么,仅就这种由国家发布行政命令,由上至下强制推行某一政策的做法就与第二次世界大战时期日本政府奉行的"社会教化"政策有着某些相似的特征,而这显然与第二次世界大战后日本制定的《教育基本法》和《社会教育法》的基本精神完全背道而驰。第二次世界大战后日本的《教育基本法》和《社会教

---

① 末本诚.生涯学习论[M].东京:Eidell 研究所,1996:136.

育法》明确规定,社会教育的本质是"国民的自我教育",国家对"国民的自我教育活动应予以奖励"。该法同时还规定,在彻底脱离战前"国家主义统制体质"的基础上,对教育施行"非权力的行政助言与指导"。① 简言之,以上这些因"统合"字面上的解释和理解而造成的混乱,不仅在日本,也在其他一些国家与地区发生。为此,法国学者培沙达和利泰达在其共著的《终身教育论》一书中,用警告的口吻,不无担心地评论道:"终身教育已如神话般地变成了现代社会的万能良方,对这一术语的滥用所产生的副作用,犹如癌细胞一般在社会各处无孔不入,甚至成了现代的宗教。"②

综上所述,当我们对"统合"这一词义的实质内容进行再检讨与再研究时,不难发现,如果从教育必须贯穿人生的全过程这一共同理解的立场出发,对既存的学校教育与成人教育(社会教育)、一般教育与专门教育、职业教育与基础教育,特别是发达国家的教育与发展中贫穷国家的教育而言,究竟应运用何种统一的标准和方法才能达到"统合"的目标,迄今仍是一个有待解决的棘手课题。在这里,无视各个国家的国情和教育状况显然不可取。也正因如此,在欧美特别是德国,继续教育的用语相对终身教育而言,在一般场合的使用率往往更高。

概括而言,联合国教科文组织可能正是出于上述这些复杂因素,为避免"统合"这一包含各种复杂因素的词义可能滋生的各种理解上的混乱,最终在当初的英译"life-long integrated

---

① 参见日本《教育基本法》第七条、第十条,《社会教育法》第三条等。
② 转引自末本诚.生涯学习论[M].东京:Eidell研究所,1996:137.

education"中删除了"integrated"一词,从而形成了目前通行的"lifelong education",即中译的"终身教育"。

二、有关终身教育概念的几种解释

上文已述,近30年来有关终身教育概念的讨论可谓众说纷纭,甚至迄今为止尚无统一的权威性定论。综观这一事实,它不仅从某一侧面反映出这一崭新教育理念在全世界受到关注和重视的程度,而且也证实该理念在形成科学的概念方面所必需的全面解释和严密论证尚存在理论与实践上的距离。尽管如此,近年来仍有众多专家与学者在这一领域内进行了卓有成效的研究和探索,并取得了一些令人注目的成就。下文笔者将就目前较受关注的几种终身教育概念作些介绍和分析。

较具代表性的一种观点认为:"终身教育并非指一个具体的实体,而是泛指某种思想或原则,或者说是指某种一系列的关心和研究方法。"概括而言,即"人的一生的教育与个人和社会生活全体的教育的统合"。提出这一论点的,正是现代终身教育的首创者,法国成人教育家朗格朗。[①]

与此相对,另一种较受关注的见解认为:"终身教育应是个人或诸集团为提高自身生活水平而通过每个个人的一生所经历的一种人性的、社会的、职业的过程。这是在人生的各个阶段和生活领域,以带来启发和向上为目的,并包括全

---

① 引自保罗·朗格朗所著《关于终身教育》。此处引文出自1965年12月联合国教科文组织第三届成人教育委员会在巴黎召开的成人教育促进国际会议上的提案。

部'正规的'(formal)、'非正规的'(non-formal)和'不正规的'(informal)学习在内的一种综合与统一的理念。"[1]这一论点的提出者是联合国教科文组织教育研究所前专任研究员拉温德拉库马尔·H.戴维(Ravindrakumar H. Dave)。

第三种较具权威性的观点由1972年就任联合国教科文组织终身教育部部长(朗格朗的继任)的捷尔比提出。他因将终身教育从理念提倡阶段推进至实践开展阶段而闻名。捷尔比认为,"终身教育应是学校教育与学校毕业后教育及训练的统合,它不仅是正规教育与非正规教育之间关系的发展,而且是个人(包括儿童、青年、成人)通过社区生活实现其最大限度文化与教育方面的目的而构成的以教育政策为中心的要素"。[2]

从上述三位现代终身教育论的提倡者、研究者和实践者的观点来看,虽然它们的中心思想大体一致,但在具体的表达方面显然各有侧重。诚如宫坂广作在评论捷尔比的观点时指出,终身教育是一种并不存在相同价值基准和主张的概念,因而必然产生多种多样的解释和看法。至于关于终身教育的论争,如果被打上终止符,那么这一概念的创造性和有效性无疑也将同时丧失。[3]宫坂广作的这一见解究竟正确与否,这里暂不评论,但他的观点从另一侧面再次反衬出终身教育这一现代教育新理念内涵的深邃性和涉及范围的广泛性。由于现代终身教育论揭示的原则和期待解决的课题极其多样,而且这

---

[1] R.H. Dave. Foundations of Lifelong Education: Some Methodological Aspects[M]// Foundations of Lifelong Education. Elsevier Ltd, 1976.

[2] 捷尔比.生涯教育——压制和解放的辩证法[M].前平泰志,译.东京:东京创元社,1983:198.

[3] 宫坂广作.生涯学习的理论[M].东京:明石书店,1990:65.

些课题之间的相互关系又非常复杂,因此势必会造成形成终身教育统一定义的困难。但笔者认为,有一点是一致的,即现代终身教育的基本目标是要改革长久以来存在于教育领域之中闭锁与僵硬的以学校教育为中心的封闭型教育制度,并通过学习化社会来建立一个富有弹性和活力的开放型教育制度。而要实现这一目标,又有两个方面的原则是必须首先确立的:一是实现教育的民主化,使教育对所有人平等;二是奉行教育的自由化,使所有人都具有自发学习的意识。确立上述两个原则并非易事,不仅需要促使现有教育制度的进一步开放和多样化,而且有必要在教育内容和方法方面进行大刀阔斧的革新。因此,现在仍有为数众多的学者认为,建立终身教育概念必须从制度、方法和内容三方面着手,才有可能确保其完整性。在这一方面,日本终身教育学家、原御茶水女子大学教授森隆夫的观点最具代表性。

森隆夫认为,终身教育概念的建立应从制度、内容、方法三个方面来加以考虑,而这三方面的因素具体而言又大致表现为以下三个方面。

(1)教育权的终身保障——教育并不随学校学习的结束而终结,有限的人生应与无限的教育挑战机会连接起来,并给予制度上的保障。

(2)对现代学问的追求——终身教育提倡的学习内容应不以个人的职业或专业为限,广泛的教养教育、德育、体育以及一切现代学问等都应包括在必须学习之列。

(3)不成为未来的文盲——未来关于文盲的概念将不再局限于不识字,而在于个人是否掌握自我学习的方法。现代社会每时每刻都有大量信息产生,面对新事物,如果不能正确判断,不能迅速思考,就无异于文盲。因此,终身教育的方法论,从某种程度上说,又可以理解为学习学习方法的方法论,而其主要作用就在于促使每个人不成为未来的文盲。①

综上所述,关于教育权的终身保障(制度建设)、专门知识与教养知识的结合(内容改革)、为避免成为未来文盲而必须增强的自觉学习意识(方法创新)这三方面研究的拓展,构成了现代终身教育论基本概念研究的范围和基础。

三、终身教育与终身学习概念的异同

自1965年得到联合国教科文组织正式提倡以来,终身教育理念作为一种全新的教育思想已深入人心,并在全世界得到广泛流传与推广。但是近年来,一些有关终身教育的文献与资料中经常出现"终身学习"这一术语,不仅使用频率高而且覆盖范围广,在日本等一些国家甚至取代了"终身教育",成为制定国家政策或法令的专用术语。例如,日本临时教育审议会在第三次答申报告中正式提出"向终身学习体系移行"的建议。又如,日本1990年7月1日开始实行的第一部有关终身教育的法律,即叫作《生涯学习振兴法》,等等。围绕同一个概念竟出现两种不同的表述,这无疑又为原本尚未形成定论的终身教育概念增添了理解上的新困惑。因此,为了能更深入确切地把握终身教育的实际含义,对以上两种术语再作一番概念上的辨明似乎很有必要。

---

① 持田荣一,森隆夫,诸冈和房.生涯教育事典[M].东京:行政出版社,1976.

上面已对终身教育概念的内容和范围作了某些基本的探讨。概言之,终身教育可以理解为"人从出生直至老年一生中接受教育的全过程"。它包括横向和纵向两个方面:横向方面主要包括家庭、学校和社会三个领域的教育;纵向方面则指贯穿人一生的婴幼儿期、青少年期、成人期和老年期四个时期的教育。除此以外,终身教育与一般教育在概念上的明显不同还在于构成其教育要素的形式差异。例如,终身教育可以是正规的教育形式,也可以是非正规的教育形式。

终身学习主要指"人在一生中需要的知识、技术,包括学习态度等应如何被开发和运用的全过程"。在这里,终身学习强调的基本特征是"有意义的学习",而其学习场所也不限于家庭、学校、文化中心或企业等。"但凡可以被个人或集团利用的一切教育设施和资源"都应包含在内。因此,从这一基本理解和立场出发,凡是对上述这类学习活动给予支援并进行计划的,均被称为"学习机会";而为这类学习活动提供资源、机会并予以积极促进的社会,则被称为"学习社会"。严格来说,终身教育与终身学习在概念上并不完全一致。终身教育的着眼点侧重于教育的服务与提供,而终身学习的着眼点侧重于学习者个人内部的变化。

近年来,终身教育的地位有被终身学习逐渐替代的趋势,究其原因,又似乎与终身教育的功能转换有关。理由之一是,大部分学者认为"成人期以后的教育,其对象均是自立的社会人";另一个理由则是,这一时期(成人期)的教育,又因学习者担负的社会作用与责任而常以"自我导向学习"(self-directed learning)为主进行。自我导向的学习理论原是以 A.图赫(A.Tough)对成人期学习进行的调查为基础概括而成,现作为终身学习实践的主要学习策略在欧美等地广泛流行。此后,美国成人教育学家诺尔茨提倡的"契约学习"(contract learning)和日本学者山本恒夫提出的"菜单学习",又相继为上述理论的具体化奠定了基础。自我导向的策略由"指导下的学习活动"和"非指导下的学习活动"两类组成。其主要特征是,在任何场合,自我的终身学习活动都以自己为中心进行计划和实施,并以个人为主进行自主的学习管理。近年来,终身学习的概念在使用的深度、广度和重视程度上,均有超越终身教育的态势。不过需要指出的是,这一新概念形成的实质并非要否定或轻视教育的作用和功能,而是更为强调在确立终身学习为主体的基点之上,变教育的强制性为对成人自主学习活动的支援和促进。其根本意图在于通过高质量学习计划的制定,有效学习课程的供给,以及对学习者进行个性化学习的援助等措施,推动成人终身学习的开展。

日本是世界上最早也是最积极开展终身学习活动的国家之一。日本中央教育审议会曾在1981年的答申报告中对终身学习作出如下表述:"学习,究其基本思想,应是基于每个人自发的意愿而进行的活动。对学习者的要求给予必要的应答,并由学习者自主选择合适的学习手段和方法,然后再通过其终身的生涯来进行,即为终身学习。为了使这样的终身学习活动得以推广,每个学习者都应培养自我学习的意识和能力;社会则应对各种各样的教育功能及其关联性进行综合考虑、整合和充实。换言之,终身教育应是为了全体国民中的每个人人生的充实,而试图通过终身学习的活动来给予支持和帮助。它是建立在教育制度全体之上的基本理念。"①

在上述这份报告中,日本的教育主管部门对教育的认识已从单纯供给者的考虑方式中脱离出来,试图建立一种为学习者自身独立的学习管理提供援助的体制,同时明确了必须在国民教育制度的水平上进行整体构想和转换的意图。

可以说,日本对终身学习的这一新思考,也在某种程度上体现了世界范围内的一种共识,即相对教育而言,学习更能反映出学习者内部的主动性和活力。在一个竞争越来越激烈的时代,积极增强自身的学习意识,努力开发适合自己的学习方法,无疑也是实现终身教育战略的一个重要手段。

总之,由终身教育概念逐渐向终身学习概念转换的内外因素固然多种多样,但其中最为突出的原因,在笔者看来依然立足于究竟应由"谁"来成为终身教育的主体,以及又应通过怎样的方式和手段来确保终身教育能有效实行的基础之上。

---

① 日本生涯教育学会.生涯学习事典(增补版)[M].东京:东京书籍,1992:515.

第二章 现代终身教育论的发展、演变和深化

> 未来要实现学习社会的理想。而那时进行的教育,首先是以终身教育来构想的。
> ——《富尔报告书》

第一节 1965年后终身教育论的演变与深化

现代终身教育理念自1965年在联合国教科文组织第三次成人教育促进国际会议中被正式提出以来,世界上众多的专家、学者从各个方面对终身教育作过大量探索和研究,有关终身教育的论文、著作、调查报告或意见书等如滔滔江潮不断涌现。然而,在这众多文献资料中真正能对以后终身教育理论及其政策产生深远影响和积极作用的为数不多。其中,备受世界关注的有:经济合作与发展组织的回归教育论,美国学者哈钦斯的学习社会论,联合国教科文组织教育开发国际委员会1972年发表的报告书——《学会生存》(*Learning to Be*)(富尔委员会报告)中提出的终身教育论,1976年联合国教科文组织第十九届总会的决议《关于发展成人教育的劝告书》(*Recommendation on the Development of Adult Education*),以及终身教育学家弗莱雷和捷尔比的终身教育思想与实践等。下文中,笔者将尝试通过逐一分析和剖解上述仍在世界范围内具有积极影响并受各国瞩目与重视的理论,具体勾画现代终身教育理论发展、演变和深化的轨迹。

一、回归教育的构想

回归教育(recurrent education)是经济合作与发展组织

教育研究与创新中心在20世纪70年代初提倡的具有代表性的教育改革构想之一。它以急剧变革的社会为背景,以学习必须贯穿人的终身为前提,提出人在完成义务教育或基础教育后,还可以通过"回归"的方式,从职业岗位再度回到教育机构,重新接受教育。它体现的是终身教育的综合性战略思想。具体而言,它是由"回归、还流、循环"三组术语组成。其基本构想是:(1)应对人生初期(青少年期)接受的一次性集中教育进行合理的再分配;(2)一旦学校教育终了进入社会,如有必要,应使所有人在任何有需要的时候,都有可能再次回到正规教育机构继续学习,有关行政部门应对此予以保障。[①] 在上述思想原则的指导下,回归教育的构想提出:"教育,即有计划、有组织地对人的成长起形成作用的学习活动,在人的一生中并不应该仅仅进行一次即告终结,而是需要多次重复才能完成。"而且,"这种重复也不仅仅是单纯地在教育与教育之间进行,它还应体现在教育与其他活动,尤其是在劳动与余暇活动间交互穿插地进行"。[②] 回归教育思想提倡的基本原则已被学术界广泛认可的重要意义还在于,它打破了传统一贯认为的"儿童期→教育期→劳动期→隐退期(退休)"这一人生不可逆转的生活周期,而提倡由个人自主地对自身的"教育期""劳动期"和"隐退期"进行自由组合。

回归教育相较传统教育的又一不同之处在于,它提出的是一种"在实际上可以不中断其他活动的、断续型的教育体

[①②] 日本生涯教育学会.生涯学习事典(增补版)[M].东京:东京书籍,1992:40.

系构想",①而这种创新的、划时代的设想,却使得原本各成体系、互不相通的学校教育、成人教育(社会教育)和企业内教育三者互相沟通、有机融合,并且同时为这种统一与融合的教育新体系的确立和制度化提供理论依据。

回归教育的构想提出后,很快就在世界各国引起反响。由于这是一种可与现存教育制度相结合的十分切实可行的终身教育理论,因而受到很多国家的重视和欢迎。现在,一些教育发达国家均在尝试将这一理念构想的教育回归方式应用于本国的教育实践,尝试建立一种有效的终身教育新制度。例如,法国、德国、意大利、比利时、瑞典等欧洲国家都已普遍实施带薪教育休假制度(paid educational leave),而其理论依据就取自回归教育的构想。例如,日本大学和大学院(研究生院)自20世纪80年代开始面向社会开放,正式课程招收社会人学生(在职带薪人员)等,从某种程度上看,也是受回归教育思想的影响所致。此外,由于回归教育还十分重视劳动的作用,强调教育应与劳动相结合或连成一体,因此学术界又将回归教育称为"劳动中心教育论"或"与劳动结成一体的教育论"等。②

二、终身教育的终极目标论——罗伯特·哈钦斯的学习社会思想

"学习社会"(learning society)这一术语最早由美国学者、原芝加哥大学校长哈钦斯于1968年在其所著的《学习社会》

---

① 日本生涯教育学会.生涯学习事典(增补版)[M].东京:东京书籍,1992:40.
② 同上:21.

(*The Learning Society*)一书中提出。此外,哈钦斯还在精心研究欧洲传统古典思想家的经典论著的基础上,提出了"一般教养先行导入"的论说,备受世人瞩目。

哈钦斯对一些教育机构奉行的陈旧教育观点持强烈的批判态度。他认为教育的根本目的不仅是为了"国家的繁荣",也应使每个人的自我能力得到最大限度的发展,并使个人的人格臻于完善。他尤其针对20世纪60年代中期至70年代初,为推动经济发展而在美国兴起的"教育投资理论"提出了质疑。他认为,出于经济的目的培养人才,实乃教育的失误。[①] 在这种理想主义的教育思想的指导下,他主张对人的价值观和学习观进行变革,而这一变革的最终目标就是创立学习社会。

对于学习社会,哈钦斯曾作如下表述:"全体成年男女,仅经常地为他们提供定时制的成人教育是不够的;除此之外,还应以学习成长和人格的构建为目的,并以此目的制定制度,更以此制度来促进目的的实现,由此建立一个朝向价值的转换和成功的社会。"[②]

对照哈钦斯对学习社会的构想,那种简单地以为只要为所有成人提供了范围广泛的教育机会的社会即学习社会的看法显然是肤浅的,而一个仅仅是教育制度发达的社会也不等于是学习社会。在这里,哈钦斯将教育(education)与教育制度(educational system)的概念严格区分开来。他认为,教育

[①] 新井郁男.学习社会论[M]//教育学大全集 第8集.东京:第一法规出版社,1982:9.
[②] R.M. Hutchins. The Learning Society[M]. New York: Frederick A. Praeger Inc,1968.

的根本目的不是为了获得就业能力,如果不将人性的培养放在首要位置,并彻底转变以往的传统价值观,那么学习社会就谈不上建立。简言之,哈钦斯提倡学习社会的基本立场应着眼于对人、对人性以及对"人生真正价值"的培养与实现。

哈钦斯为何如此推崇学习社会的建立与实现呢?首先,他认为,未来的社会应是从劳动中被解放出来的社会,也就是说,那是一个充满个人余暇和自由时间的社会。其次,哈钦斯感到,生活在这种社会中的人们,其第一目标应是为人类自身的"贤、乐、善"这一"人生真正价值"的实现而奋斗,并为此付出时间。[①] 换言之,哈钦斯展望的未来社会是"被科学证明的,人具有终身学习能力的,并且符合人类自身追求学习这一本性的,从而使学习在人的一生中持续不断成为可能的'社会'"。最后,哈钦斯还认为,既然构成这一社会的核心是学习,那么人人都必须通过持续的学习来实现"人生真正价值",而这一真正价值正是"贤、乐、善"。从这一思想出发,哈钦斯指出:"教育必须从单纯的就业和人才养成中解脱出来,向人生真正价值的实现这一目标转换。"当然,哈钦斯并不否定职业训练,也不反对为了获得就业机会而接受教育的必要性,但他认为这可以放在企业内进行,而不应成为全社会的教育目标。

哈钦斯的学习社会理论,因其所著《学习社会》一书的出版而被世人熟知。联合国教科文组织下属国际教育发展委员会(International Commission on the Development of

---

① R. M. Hutchins. The Learning Society[M]. New York: Frederick A. Praeger Inc,1968.

Education,1971年设立)于1972年公开发表的题为《学会生存》的报告书,便将学习社会作为未来社会形态的基本概念正式推出。因负责起草此报告书者为该委员会时任主席、原法国总理兼文化部部长埃德加·富尔(Edgar-Jean Faure),故又常被称为《富尔报告书》。

其后,美国卡内基高等教育委员会(Carnegie Commission on Higher Education)于1973年又一次以《学习社会:通向生活、劳动、奉献的道路》(*Toward a Learning Society: Alternative Channels to Life, Work and Service*)为题发表报告书;1983年美国教育优化委员会(National Commission on Excellence)在向美国总统提交的《处于危机中的国家》(*A Nation at Risk*)的意见书中,更是将学习社会的创设作为美国教育改革的中心理念予以倡导。

在加拿大,1972年蒙特利尔中等后教育委员会提出了推进实现学习社会的报告。日本也在20世纪70年代末开始使用"学习社会"这一专用术语,并在国家教育政策的范围中予以大力促进。例如,日本召开的中央教育审议会及会上发表的《关于终身教育的小委员会报告》中正式提出学习社会的概念,认为应将其作为未来社会的发展方向。[①]

毋庸赘言,哈钦斯首倡的学习社会理论作为现代终身教育理念推进与深化过程中的一种新构想,再次唤起了人们对教育目的的关心以及对此问题的深层思考。尽管哈钦斯的思想及其关于学习社会的研究带有某种空想成分,但只要人们

---

① 日本中央教育审议会.生涯教育[R].1981:20.

提到"实施终身教育的终极目标究竟是什么"这类寻根究底的问题,他的学习社会理论必然会被提及,并往往作为探讨这一问题的理论基础。

三、学会生存——1972年联合国教科文组织国际教育发展委员会报告书

1972年,联合国教科文组织国际教育发展委员会正式向联合国教科文组织总部提交名为《学会生存》的报告书(学术界通常又称《富尔报告书》,日本译作《未来的学习》),此报告书是该委员会受联合国教科文组织总部的委托,以大量实践调查为基础起草完成,旨在为各国政府的教育发展战略提供援助,为全世界的教育发展寻求全面的解决办法。

该报告书共分三部分:(1)教育的现状;(2)未来;(3)指向学习社会的目标。报告书的最后结论是:"未来要实现学习社会的理想。而那时进行的教育,首先是以终身教育来构想的。"为了实现这一目标,报告书以建议的形式向各国政府提出了21项基本方针,而其中第一项即终身教育。[①]

以下就这三部分的主要内容和21项建议中的部分观点作一简单介绍。

在题为"教育的现状"的第一部分,报告书首先肯定了第二次世界大战以来,世界各国在青少年就学的扩大以及成人识字运动的普及等方面作出的巨大努力和获得的积极成果。

---

① 埃德加·富尔.未来的学习[M].日本国立教育研究所,译.东京:第一法规出版社,1975:7.

但报告书同时也指出,在现有教育制度下,各国能作的努力似乎已达到极限。若是按此现状去预测未来,则注定不能得出满意的结论,即现有的教育制度将不能适应未来社会的发展。这无疑会导致这样的疑问:我们是否有必要继续信赖现存的教育制度?报告书给出的结论是:"人的一生需要的知识、技能和素养,如只在青年时代去获取,那么这种思考方式不仅陈旧不堪,而且传统教育依据的这一公理的基础也正在被粉碎和摒弃。现在已到了一个要求建立一种与以往教育制度存在本质区别的时代。换言之,现代新教育倡导人们应学习活生生的事物,提倡人们能自由并具批判性地思考问题,呼吁人们对新知识的吸取应通过终身的过程来进行。为了表达对世界的爱,为了追求人间的真谛,为了进一步发展自己,还要通过创造性的工作去实现。"[①]

在题为"未来"的第二部分,报告书分别就科学、技术与教育的关系,以及教育如何适应未来社会的变化等问题作了详尽论述。报告书指出:"科学与技术是任何教育事业都不可或缺的构成要素。科学与技术也并不仅仅是对个人自然产生或生产能量的制衡,也是对社会能量的驾驭。因此,为了对儿童、青年和成人起到帮助作用,科学与技术应融合进它们能意识到的一切教育活动。若能做到这一点,那么未来社会的每一个人,都将能根据自己及自身的条件和状况来自然地选择学习机会,并能使自己的行为更自律。"[②]

[①] 埃德加·富尔.未来的学习[M].日本国立教育研究所,译.东京:第一法规出版社,1975:57.

[②] 同上:119.

对于教育与未来社会的关系问题,报告书则进一步指出,现代社会产生的众多且复杂的变化,其性质也极其多样,它们事实上已影响人类和社会。而且,这种变化虽在某种程度上展现了新的前景,但同时也产生了许多新的不可知的威胁。由这一点出发,教育无疑也应具有二元化的机能。其一是,面对各种变化,教育必须作好准备,即教育要能指示人们如何接受变化,以及如何在变化中开辟一条有益的途径。当然,这一切必须以能动的、不墨守成规和非保守的精神去创造。其二是,教育在纠正存在于人类和社会之中的缺点过程中必须发挥"解毒剂"的作用。民主教育必须提出补救现代世界中各种挫折、非人性化和相互疏远情况的办法,并通过终身教育减轻人们的不安全感,增加职业的流动性。

在这一部分中,报告书还着重就未来教育的目的和发展问题作了论述。报告书指出,教育的终极目的必然是特殊的,同时也是普遍的。这一目的又常体现在对以下事物的追求中,即科学的人道主义、理性的发展、创造性和对社会负责的精神;体现在对构成人格的智力、伦理、情感、身体因素的均衡追求上,以及对人类历史命运的积极认知等。基于这种认识,报告书认为,学校仍在发挥其独有的作用,而且这种作用将得到进一步发展。但是,有关学校在社会中的教育功能应具有独占特权的主张,已渐渐变得无法成立。现实状况是,政府机关、企业、通信、运输等各种部门,都在积极地参与教育工作。因此,十分明显的是,无论是地方共同体还是国家共同体,都是具有教育作用的机构。

报告书的第三部分论及学习社会。在标题为"指向学习社会的目标"这一部分中,报告书首先充分肯定了所有人终身不断地学习不仅是可能的,而且是必须的。终身教育的这一思考方式,同时也构成了学习社会的基石。接着,报告书就20世纪70年代以来,世界范围内发生的具有质的意义的教育改革和变化进行归纳总结,并且提出了建设性意见,大致有以下五条。

(1)具有时间性限制(学龄期)和被封闭在一定空间(学校)中的教育概念,必然会被淘汰。

(2)学校教育不应被看作教育的终点,而应被视为整个教育活动的一个基本组成部分。教育活动既包括制度化的学校教育,也包括校外教育。

(3)教育活动中某些形式化的东西应被摒弃,代之以具有多样性和弹性化的多种教育形式。

(4)就某些国家而言,还应避免超出能力范围,过度延长义务教育年限。

(5)扩充继续教育不应被视作因初等教育平均年限较短而作的补充。简言之,教育应被认作存在于人的一生,并且是一个不间断的连续体。

总之,封闭的教育体系必须走向开放,而存在于初等教育、中等教育与中等后教育之间的某种僵硬化和等级区别的现象也必须予以清除。这就是报告书所要强调的重点。报告书进而就如何消除目前仍存在于各教育领域之间的隔阂并有机衔接各领域,以及如何导入新的观念等问题提出了十分有益的见解。

关于学前教育的促进问题,报告书认为,应选择最积极的奖励形式以动员家庭与社会一同开展工作。关于高等教育机关的改革问题,报告书认为,高等教育必须朝更多样化的方向发展。具体而言,大学应逐渐建立一种既能面向青年,又能对成年人开放的多目的的教育设施。大学中的专业教育与科学研究也同样如此,应为继续训练和人的定期发展作必要的设计。关于教材和教育方法,报告书认为,在可能的情况下,应尽力使之个性化,为学习者的自我学习作准备。报告书还指出,在教授和学习的过程中,凡是学习者与社会形成共同利益的场合,其内容必然会被加速推广,而预料之中的大部分教育革新,都应以更快的速度反映到新教材中。有关教育管理,报告书认为,教育管理的民主化应是今后发展的趋势。为了推动这一民主化进程,今后任何对教育具有影响的决定都应由民众共同参与并发挥作用。

　　报告书最后指出,那些援助教育的机构,无论是国家的还是国际的,无论是公共的还是私人的,都要对本国的教育研究和开发的现状进行检讨,以使国家提高其改进现有教育体系的能力,提高其创造、设计和检验适用于不同文化与资源的新的教育实验的能力。如果各国和各地区的各种教育团体与援助机构在今后的十年间能始终将提高这种能力作为第一要务,那么我们有理由相信,这些国家和地区已在实现学习社会方面迈出了真正的一步。

　　报告书于1973年2月公开发表后,引起了世界各国的普遍重视。一些国家的"《富尔报告书》检讨委员会"纷纷发表评论,对此报告书给予高度评价。日本在其向联合国教科文组织总部提交的意见书中作出评价,认为该报告书对未来社会应有的教育模式和各国应作的共同努力进行了具体而详尽的描述,对长久以来学校教育的不足进行了反省,并以终身教育的观点为基础,对未来学校教育的作用和功能作了重新评价和认识。尤其是以民主主义的原理为基础,建议各国的教育以培养"完人"(complete man)为目的,倡议建立学习社会,这对各国的教育战略和教育革新而言无疑是重要的启示。勿庸赘言,这是一份具有划时代意义的报告书。①

需要特别指出的是,报告书将学习社会作为未来社会形态的构想,不仅深受哈钦斯思想的影响,而且是自1968年哈钦斯首创学习社会概念以来,该理念在国际社会层面又一次被正式公开引用和提倡。与哈钦斯提倡教育的首要目的应是实现人生的"贤、乐、善"的原则稍有不同,报告书提出未来学习社会的目标是要塑造"完人"。何谓"完人"?《富尔报告书》认为,这是相对于当前社会仍存在"被分裂的人"的现象而言的。"人的分裂"指那些因社会被分成各个阶级、人遭受机器的排挤、体力劳动与脑力劳动形成人为对立,以及各种各样的意识形态而产生的社会精神危机——精神信仰崩溃,肉体与精神、物质价值与精神价值之间的分离,等等,都在促使个体的人格产生分裂。因此,为了将个体体力、智力、情绪、伦理等方面的各种要素统合起来,使个体成为一个"完人",就必须施以终身教育。② 可以说,这一中心论

---

① 日本生涯教育学会.生涯学习事典(增补版)[M].东京:东京书籍,1992:576.
② 新井郁男.学习社会论[M]//教育学大全集 第8集.东京:第一法规出版社,1982:13.

点是报告书关于未来学习社会的构想的重要基础。很显然，《富尔报告书》的这一观点实际上已超越并发展了哈钦斯关于学习社会的构想的界限，而将未来学习社会的教育目的从追求人生"贤、乐、善"的教养范畴扩展到实现人类自身梦寐以求的最高境界——塑造"完人"（具有自主与自发的精神，身心健康，人格健全完善的人）的社会范畴，这不能不说是该报告书的精髓之所在。

四、卡内基高等教育委员会的学习观论

在上述两节中，笔者已着重介绍学习社会论的首创者哈钦斯和深受哈钦斯主要思想影响的《富尔报告书》中关于未来学习社会的教育与学习观的理念。从介绍和分析中可以看出，这两种观念其实并不完全一致。例如，哈钦斯提倡的教育与学习目的，其刻意追求的是人生的"贤、乐、善"，因而侧重的无疑是个人的层面；而《富尔报告书》倡导的教育与学习观期望达到的是塑造"完人"的目标，即注重的是社会的层面。不过，这两种教育观的侧重点虽不同，但有一点显然是共同的，即以上两种论点都认为未来社会的学习将不以职业为唯一追求的终极目标，对于学习的志向，也将更多地放在追求自由的精神、创造社会文明、提高个人道德教养等方面。《富尔报告书》发布后，同样深受哈钦斯学习社会论思想影响，并且同样积极倡导学习社会，但在教育与学习观上又明显区别于上述两种理念的则是美国卡内基高等教育委员会的主张。

卡内基高等教育委员会受美国"卡内基教育振兴财团"的

援助于1967年设立,是专门以研究高等教育为主的综合调查研究机构。该机构由加利福尼亚大学前校长克拉克·科尔(Clark Kerr)担任会长,并聚集了众多来自世界各地的研究者和专家。该研究机构在成立最初的六年间(1967—1973),曾就未来高等教育的结构、功能和财政等问题进行深入探讨,成果散见于100余篇研究报告。其中许多论点不乏前瞻性和导向性,一度受到舆论界与学术界的广泛关注和好评。

卡内基高等教育委员会自20世纪70年代开始关注中等教育后(post-secondary education)的改革,特别是制度方面的研究。该委员会于1971年提出一份标题为《时间的短缩和选择的扩大:高中以后的教育》(*Less Time, More Options: Education Beyond the High School*)的研究报告。这份报告书扉页的显著位置上印着哈钦斯的名言:"学习社会这种形式……实现是可能的,即为了受启发而学习,为了具有人性而学习。由此,世界范围的交流将成为现实,教育也将恢复其本来的面貌。"这一举动实际上明白无误地表明该委员会决意接受哈钦斯提出的学习社会论并决心予以推广。

但是,若对这份报告书仔细加以研究,又会发现其在教育与学习的目的方面有着许多明显不同于哈钦斯的观点。例如,哈钦斯主张教育目的以陶冶人的情操为主,因此,学习内容也表现为纯粹单一的教养内容。而卡内基高等教育委员会从现代社会和现代人的需要出发,提倡教育目的是为了大多数人的福利,是"为了让更多的青年开创生活、劳动、为社会服务开辟光明的道路"。与此同时,该委员会还认为,为消除年龄层的分离造成的教育上的障碍,为使所有人都能通过教育来提高适应生活变化的能力,必须倡导学习社会。① 显然,卡内基高等教育委员会主张的学习社会概念,不仅包括一般的教养教育,而且包括技术训练教育(technical training),相关的准学问(quasi-academic)教育计划和非学问(non-academic)教育计划等。从上述分析中可以清楚地看出,卡内基高等教育委员会主张的学习观,无论是内容还是范围,较哈钦斯的观点而言无疑都来得更为切合实际和广泛。

卡内基高等教育委员会在报告书中展示的具体方案归纳起来大致包括两个方面:一是强调通过广泛而丰富的学习活动保障国民的学习机会;二是相对于哈钦斯重精神、重生活而忽视职业和劳动的学习观,卡内基高等教育委员会强调职业和劳动在人类生活中处于中心地位。于是,在围绕学习社会理论的探索和深化的过程中,开始出现两种对立的观点。其中之一是以哈钦斯为代表的(包括《富尔报告书》)主张以余暇为中心(通过行政手段,为学习者提供充分的余暇时间,以保证他们有参加学习的可能),以提高个人教养为目的的学习社会论;与之相对的另一方,则是卡内基高等教育委员会,其观点是肯定职业和劳动在人的生活中的重要地位,主张以工作为中心,并通过追求广泛的知识和学问实现适应现代社会变化这一目的的学习社会思想。

卡内基高等教育委员会认可的未来学习社会的学习内容及其主张的目的论,虽与哈钦斯有很大的不同,但作为具有革新精神的现代学习理论,两者之间仍有一些基本相似点。例

---

① 新井郁男.面向学习社会——报告和劝告[M].东京:至文堂,1979:156.

如,两者均提倡学习活动要从原来被学校封闭,被生活、职业和地位固定的狭隘范畴中解脱出来,从而更广泛地开拓学习者个人的学习视野;同时,双方也一致认为,必须更大规模地开放社会的学习门户,以便使学习能面向现代、面向未来,并使学习社会理想的实现变为真正可能,等等。

有必要补充的是,对学习社会理念的探讨的展开和深入,至此并没有告一段落。1984年,美国以《处于危机中的国家》为题,召开了一场由全美图书馆馆长参加的研讨会,会后以促进图书馆的发展为由发表了劝告书《卓越联盟:图书馆人应对'处于危机中的国家'》(Alliance for Excellence: Librarians Respond to "A Nation At Risk")。该劝告书除又一次强调学习社会的理念外,还对其作了新的注释。劝告书中有这样一段叙述:"学习社会的概念,应由为社会的全体成员和这些成员自己能力的最大限度的扩张提供全部机会的理念,以及为实现这一理念所必须建立的制度这两个部分组成。至于制度,则不仅包括传统的教育机构,其他诸如家庭、职业场所,以及图书馆那样的社区文化教育设施,也都应被纳入考虑的视野。"[①]换言之,该劝告书强调的是,构成学习社会理想的,除了理念,重要的是建立制度。这一新的制度不仅应包括非正规教育的学习,而且不只限于中等后的教育,应对基础阶段的教育同时予以充分的重视。上述劝告书的主张较之卡内基高等教育委员会的观点,似乎又大大地前进了一步,尤其是对建立一个必要的教育新制度的论述,使人们对学习社会的认识开

---

① 日本生涯教育学会.生涯学习事典(增补版)[M].东京:东京书籍,1992:81.

始从纯理念的探讨摸索转入具体计划与实践的阶段。

积极倡导和推行终身教育的日本政府,在学习社会理论的发展与推广上,也一直给予积极的支持和推进。诚如前文所述,"学习社会"的术语在日本最早出现在1979年中央教育审议会小委员会的报告书中。该报告书指出,应向社会提供多样的教育和学习机会,以及扩充教育和学习机会的必要性已有了相当的认识,基于此,全社会都期待着学习社会的到来。关于学习社会的内容,该报告书则提出要打破"偏重学历的社会",倡导建立一个"尊重个人向上努力,并能对此给予正当评价的社会"。此后,日本在1984年8月又召开临时教育审议会。在作为临时教育审议会教育改革核心思想之一的"向终身学习体系移行"的方针中,学习社会的概念再度被提出。不过,就临时教育审议会的答申报告精神而言,相对于学习社会的理念,它更关注的似乎是尽快建立起一种有效而切实可行的制度。[①]

因此,有不少日本学者认为,从这个意义上看,日本中央教育审议会的观点似乎与哈钦斯和《富尔报告书》的思想相近,而临时教育审议会的方针又与卡内基高等教育委员会的看法雷同。不过,积极重视教育和学习活动中个人的主体性,以及提倡更为开放的学习,是以上所有观点完全一致的目标。

五、关于发展成人教育的劝告书——1976年联合国教科文组织第十九届总会决议

在现代终身教育论的发展与演变过程中,还有一次重要

---

① 教育政策研究会.临教审总览(上、下)[M].东京:第一法规出版社,1987:90-220.

的国际会议,此次会议通过和采纳的一项决议绝不能被忽视,它们对世界终身教育理论的发展与促进具有相当重要的作用,那就是1976年联合国教科文组织在非洲内罗毕召开的第十九届总会,以及会议闭幕时各成员国代表以表决形式通过的《关于发展成人教育的劝告书》决议文件。在这份文件中,联合国教科文组织首次对终身教育的概念作出了较为明确的阐述,并且对展开终身教育的具体方法提出了多种倡议。虽然就这份文件来说,它并不具有法律意义上的约束力,对各成员国而言,也并非条约而只是一份供参考的"劝告",但是由于这份文件强烈地体现出国际社会对成人教育和终身教育的关心与支持,尤其是就成人接受教育的权利、成人教育的社会公益性,以及实现终身教育的必要性等一系列重大问题提出了切实具体的建议,因而实际上已成为各国展开终身教育过程中必须予以参考并遵循的原则。

该劝告书由前言和十个章节构成。在前言部分,劝告书首先再一次肯定世界人权宣言明确记载的第26条和第27条,[①]以及国际规约第13条明示的关于国际社会必须保障所有人有接受教育的权利和自由参加文化、艺术与科学生活的权利等原则。在此基础上,劝告书进一步对一般教育和成人教育的含义作了多方面的阐述与强调。关于一般教育的性质,劝告书认为,应是"民主主义的、废除特权的,同时又是自治的、责任的和以对话的理念为基础的,是促进社会主体必须

---

① 联合国1948年12月10日召开的第三届总会表决通过的,包括自由权、参政权和社会权等内容在内的,世界任何国家中的任何人都应享有的基本人权的宣言。

和不可分离的"。① 关于成人教育,劝告书则强调指出,应"从终身教育的观点来着手考虑给予成人接受教育机会的问题",认为"这里既有接受教育的权利性问题,也有促进成人行使参加政治、文化、艺术、科学等活动的权利的便利性问题"。劝告书特别指出,出于科学、技术和经济的急速变化,为了人格的充分完善,教育必须贯穿人的终身。而实行终身教育首先要实现成人教育的发展,它是在青少年与成人之间,以及不同社会集团之间,合理而平衡地分配教育资源的必要手段;对于现代人际关系的改善、社会集团之间以及两性之间政治的、社会的和经济的平等的增进,显然也是不可或缺的手段。劝告书确信,作为终身教育不可分割的一部分,成人教育对经济和文化的发展、社会的进步、世界的和平等,都具有不可估量的贡献。推行成人教育获得的经验,对于教育方法的创新以及教育制度的改革也具有重要意义。

劝告书在前言中强调指出,大力开展识字教育运动,不仅是为了政治和经济的发展,它也是推动技术进步与社会和文化变化的一个决定性因素。因此,对识字教育运动的推动和促进应被视为成人教育计划中不可分割的一部分。

那么如何使上述目标得以实现呢?劝告书认为,成人在通过自身努力展开的形态多种多样的教育活动中,应选择自己认为最有必要、最适合自己,且为自己所关心的教育活动。对此,劝告书还特别提醒,在多种多样的训练形式和教育方法

---

① 持田荣一,森隆夫,诸冈和房.生涯教育事典[M].东京:行政出版社,1976:40.

已被广泛推广与应用的同时,尚存在较多教育制度不发达的国家或地区,在这些国家或地区中,国民对教育提出的要求还远未得到充分的满足,对此应给予特别关注。

在前言部分,劝告书还回顾和肯定了历年来国际社会通过的各种有关教育的宣言、劝告与决定。例如,第二届和第三届国际成人教育大会(1960年蒙特利尔、1972年东京)、国际妇女年的世界会议(1975年墨西哥)提出的宣言和决议。又如,国际教育会议对各国教育部提出的关于给予妇女教育机会的劝告(1952年劝告第34号)、对农村地区设置教育设施的劝告(1958年劝告第47号)、对识字和成人教育的劝告(1965年劝告第58号),以及在布宜诺斯艾利斯召开的有关识字教育的国际研讨会(1975年)采纳的宣言等。对于以上文件,劝告书均再次予以了肯定和重申。

在前言以后的其他各章中,劝告书分别对成人教育与终身教育的定义、目标和战略,成人教育的内容、方法、研究和评价,成人教育的体系和教师的培训与地位,成人教育与青少年教育以及劳动之间的关系,成人教育的操作、管理和费用的负担等,一一作了十分详尽且周到的表述和建议。这一系列精辟且带有指导性的观点,对各国尤其是开展终身教育起步较晚的发展中国家而言,无疑具有非常重要的启发和参考作用。限于篇幅,以下将重点分析和介绍该劝告书中涉及终身教育基本原则的部分论点与思想。

这份劝告书特别予以强调并引起世人瞩目的主要内容大致为三个方面:(1)关于接受教育的权利问题;(2)关于识字能力的问题;(3)以学习者为中心对教育制度进行再构建的问题。

教育的权利性问题是贯穿劝告书始终的一条中心主线。虽然国际社会一贯提倡教育的平等性、民主性和无差别性,但劝告书不仅对以上原则给予再确认,而且首次提出应将人类迄今为止广泛推行的成人教育和终身教育均放置于普通公民的基本人权这一重要原则之下来考虑。例如,劝告书在前言部分着重指出,作为以成人为对象展开的终身教育的具体目标,即保障民众的受教育权,保障民众自由参与文化、艺术和科学生活的权利。关于识字教育的问题,该劝告书用了大量篇幅并在文中多处予以强调。据直接参与劝告书起草工作的日本教育社会学者、原上越教育大学教授新井郁男介绍,劝告书的初稿中并未列入此项建议,后因众多发展中国家代表的强烈要求与呼吁,才正式写进了劝告书的前文,并被列为需要予以特别重视的问题之一。

诚然,劝告书最终采纳并重视推进识字教育的提议(劝告书中体现这一概念的原文为"literacy",意即包含识字和读写能力在内的扫盲教育),原因在于当时全世界不能读写的人的比率仍非常高,而且主要集中在发展中国家,并且已成为阻碍这些国家发展的主要问题。但事实上,自第二次世界大战结束以来,部分发展中国家的教育主要集中在义务教育和成人教育上,其主要目标便着眼于提高本国公民的基本文化素质。虽然几十年来的努力已取得巨大成就,但是困扰发展中国家的识字教育问题依然艰巨。例如,就义务教育而言,大多数发展中国家的义务教育年限都非常短,一般只有4—5年。20世纪60年代初,亚洲各国的教育部部长曾在巴基斯坦卡拉奇聚首,专门讨论亚洲地区义务教育的发展计划问题,此次会议的决议要求,至20世纪80年代末,所有的亚洲国家最少须实现普及7年义务教育的计划目标。同样的计划此后也在非洲、中东和拉丁美洲等地推广。但现实的状况是,最终能完全实现这一目标的国家还很少。这里不仅存在教育设施、设备和教师不足的问题,而且教育方法、教育内容等方面的问题也很多。特别是在一些不发达国家,儿童往往被视为必要的劳动力,国家虽建立了义务教育的制度,但不少孩子因家庭生活贫困而辍学。现代科学理论认为,最低限度的识字教育年限约为4年,但是调查证明,众多发展中国家的儿童往往连这一最低教育年限也未达到便离开了学校。这一现象通常会使已有一些识字能力的孩子再次回到文盲状态,大量教育工作者所作的各种努力也因此前功尽弃。此外,这些国家还存在的另一个深刻问题是,尽管孩子的识字水平已非常有限,但这些孩子的父母的识字能力甚至更为低下。父母知识水平的极端贫乏无疑使这些原本应对孩子的成长和前途负有责任的家长,反因自身对教育的无知、漠视或缺乏理解而成为阻碍义务教育实施的巨大障碍。

鉴于当时存在如此多深刻的识字教育问题,在联合国教科文组织中占多数的发展中国家强烈要求在劝告书中列入推广和普及识字教育内容的迫切心情,也就不难理解了。但若是仅将识字教育理解为发展中国家的问题,那就错了。实际上,部分发达国家当时也或多或少面临着识字教育的严峻问题。以世界经济大国日本为例,尽管早就实施了百分之百的九年制义务教育,但由于学校教育方法过于保守,学习竞争过于激烈,以及社会上唯学历风过于盛行,很多孩子从小便患上

"学校恐惧症"。在这个国家,中小学学生逃学甚至拒绝上学的现象并不少见,在一些部落民(世代从事采矿、屠宰和重体力劳动的人)聚居的地区,这种现象更为突出。由于历史和社会的原因,他们饱受歧视与限制,虽然义务教育法保障他们的子女有进入学校的权利,但他们的子女从小在心理上遭受了过多人格的歧视和压抑,因此即使到了上学的年龄,也大都不愿跨进校门。很多部落民的子女虽然上了学,但大都读不到小学毕业就自动辍学。究其原因,许多孩子的回答都是"我们受不了同级生那嘲笑的目光"。因此,日本这样一个在世界上堪称教育发达,义务教育普及也堪称一流的国家,如若认为他们已完全不存在识字教育的问题,看来也是要打上问号的。简而言之,即使是发达国家也必须重视识字教育。

　　劝告书中提出的第三个重要观点有关对以学习者为中心的教育制度进行再构建的问题。众所周知,古往今来的教育制度均以教育者为中心而构建,但是这一指导思想显然已不能适应现代社会对教育和人的发展所提出的要求。为此,如何确立以学习者为中心的新教育制度,以及如何在终身教育定义中确立这一具有划时代意义的新思想,是劝告书力图解决的又一重要课题。据新井郁男介绍,在劝告书的起草过程中,终身教育的定义曾引起众多的议论,而其中最引人注目的中心问题是有人提出,应明确将"终身教育"的用语改为"终身学习"。虽然联合国教科文组织曾就"终身教育"即等同于"终身学习"的理由作过专门说明,但是若以"终身学习"取代已被广泛使用并已深入人心的"终身教育"术语,无疑会导致许多不必要的混乱和麻烦。因此,作为一种妥协结果,劝告书最终同时使用"终身教育"和"终身学习"术语,以此来避免可能产生的混乱。这一非常例外的处理方法,同时表明国际社会对终身学习这一强调以学习者为中心,从学习者的立场出发而构建的教育新理念的重视。

对于终身教育的定义,劝告书作出了以下论述:终身教育和终身学习是作为现行教育制度的再构建,或者是对正规学校教育范围以外的所有教育可能性的开发,以及由此建立起来的综合教育体系。这一体系中的男性或女性通过各自不同的思想与行动间的持续相互作用来推动自我教育的形成。教育或学习绝不限于就学期间,而是贯穿人的一生。通过所有可能的手段,为了所有人的人格健全而提供必要的学习机会。提倡儿童、青少年和所有年龄阶段的成年人,在其一生的各个时期参与具有一贯性特点的教育活动和学习活动。

从劝告书对终身教育所作的解释中可以看到,终身教育至少具有两个重要的侧面。一是强调并着眼于对现行教育制度的再构建。劝告书认为,如果终身教育的发展不伴随对以往教育制度进行改革和再构建,而只注重教育的量的发展,如仅考虑学校数量或社会教育设施的增加等,那就根本谈不上终身教育的实现。二是关于教育制度的外部关系问题。劝告书认为,凡是可为教育所用的资源,都应予以充分开发和利用。从这一观点出发,劝告书强调教育制度的再构建并不仅仅指现成的教育机构或设施,还应包括教育制度以外的所有资源。

据新井郁男介绍,在劝告书的起草过程中,与此相关而被反复议论和强调的是社会教育或成人教育应首先确立以学习者为中心的指导思想。换言之,成人教育的机会和资源应能被所有人容易地获得和利用,其提供的教育活动也应确实建立在个人的真正必需的知识之上。那么这里可能产生的一个问题是:什么是以学习者为中心?其具体含义又是什么?对此,劝告书在全文的第二章"目标及战略"部分作了详尽的叙述。概括而言,劝告书所指的学习者并不单纯指每个参加学习的个人,而是包括学习过程的促进者、计划者等在内。劝告书还认为,在对现存教育制度进行再构建时,必须考虑学习者归属的国家及其社会的文化、经济和固有制度的各种因素,即要在适合国情的前提下实施再构建。唯有如此,教育制度的改革才能获得成功并符合实际。至于具体方法,劝告书也作了种种提议,而其中的带薪教育休假制度不失为一个既能保障学习者个人根据自己的学习需求和时间来安排学习,又易于被大多数国家接受的制度。

六、终身学习社会的新视点——1997年第五届国际成人教育大会

1997年7月,第五届国际成人教育大会在德国汉堡召开。据统计,此次共有134个国家和地区派出了政府代表,还有近223个教育研究机构和财团,以及428个与成人教育有关的非政府机构(NGO)派出了列席代表和观察员。本届大会的引人注目之处在于,它不仅是历史上非政府机构观察员出席人数最多的一次会议,而且正式代表中也不乏首相或教育、劳动大臣(如英国等)亲自率队的高规格代表团。一些尚未加入联合国教科文组织的国家或地区同样在会议期间派出了相当规模的列席代表前往观摩。

(一)会议召开的背景

联合国教科文组织对成人学习的关心与支持最早可追溯至 1947 年在墨西哥墨西哥城和 1948 年在黎巴嫩贝鲁特召开的两次有关成人教育问题的国际会议。正是这两次会议促成了召开国际成人教育特别会议的决定。这一特别会议 1949 年在丹麦埃尔西诺尔召开后,蒙特利尔(1960 年)、东京(1972 年)、巴黎(1985 年)又相继成功举办了国际成人教育大会。第五届国际成人教育大会则是上述诸会议的延续。

(二)会议的主要议题

迄今为止的各届国际成人教育大会,基本上均围绕六大课题展开讨论:(1)努力提高识字率;(2)确立世界和平与国际协作的基础;(3)努力创建民主主义的精神;(4)为所有年龄层的人提供学习机会;(5)促进男女教育平等;(6)为人类的持续发展作贡献。但这次会议与历届会议有所不同,它在充分调查的基础上,增添了符合时代发展的新内容,而且以当时的社会背景为出发点,设定该届大会的综合主题和各项具体议题。

第五届国际成人教育大会确立的综合主题是"成人学习——通向 21 世纪的键钮"。在这一综合主题下,又分设十个分议题:

(1)成人学习和 21 世纪的挑战;

(2)成人学习的条件和质量的改善;

(3)对识字和基础教育这一普遍权利的保障;

(4)通过成人学习促进女性的社会参与;

(5)成人学习与变化中的劳动力市场;

(6)作为环境、健康和人口问题等安全对策的成人学习;

（7）成人学习，媒介与文化；

（8）成人学习和特定要求的集团；

（9）成人学习的经济学；

（10）国际协作与连带关系的促进。

根据截至 1996 年年底汇集的各洲、各地区预备会议提出的综合意见，1997 年第五届国际成人教育大会的议题定位在"急速推进中的成人学习，其多样性领域反映出的问题"这一视点之上。为此，大会筹备委员会认为，在考虑上述 10 项议题时，应同时将其贯穿在五项横断课题之中，即机会的平等、文化的尊严、性别差异的理解、学习战略与环境的关联、协作和共同事业的促进。

（三）会议目标

1. 综合目标

这次会议在确立综合主题后，还进一步提出其设想实现的综合目标。大会的综合目标是：进一步明确成人学习的重要性，并以终身学习的观点来提高国际社会对成人继续教育的关心。至于如何实现这一以终身学习为主体内容的综合目标，大会又提出了相应的具体要求，即所有人都能为自己的发展持续且平等地参与学习，国际社会在自由、正义和互相尊重的基础上为所有人提供文化与教育机会。当然，在实现这一目标的具体过程中，还必须倡导男女平等，并要求正规教育与非正规教育互相结合以求发挥更大作用。

2. 特定目标

除综合目标外，大会还制定了一些更为具体的拟在近期实现的特定目标。大会提出的特定目标有下列七项：

（1）全面回顾1985年以来为校外青少年和成人开设的形式多样且急速发展的继续教育,明确这一变化的模式和目标；

（2）全面分析成人继续教育能在多大程度上为直面世界变化的成年男女提供援助；

（3）就成人继续教育的质量、条件和机会平等的方法开展经验交流；

（4）对终身教育背景下,成人继续教育的未来政策和优先课题提出劝告；

（5）探讨新的情报技术的贡献和影响；

（6）讨论促进地区性、全国性,以及广泛区域内的国际协作的最有效的条件；

（7）为促进本届大会的深入开展,广泛讨论和分析成人学习方面反映出的具体问题,特设公开讨论场所。

（四）会议的议程和筹备过程

第五届国际成人教育大会的主要筹备者是联合国教科文组织。作为该组织10年左右召开一次的主要会议,第五届国际成人教育大会得到了联合国及其他国际机构和组织的大力协助与支持,同时吸引了众多非政府组织、企业、大学和民间人士的参与。为使本次大会成功召开,联合国教科文组织早在数年前就通过其下属教育研究所和巴黎理事会展开共同协调和策划。本次大会的主题及各项分议题也均是在会前进行大量调研并征求世界各主要国家和地区的意见后才最终确定。此届大会历时四天,开幕式和闭幕式上确定使用的公共语言为六种,分别为英语、法语、西班牙语、俄语、阿拉伯语和汉语。

（五）大会的成果、意义和评价

在最后一天的闭幕式上,该届大会的两项主要成果——《汉堡宣言》(Adult Education: The Hamburger Declaration)和《为了成人学习的未来》(The Agenda for the Future)行动计划报告书正式被采纳。这两份纲领性文件不仅充分回顾和总结了迄今为止召开的历次国际成人教育会议的成果,而且以现代社会为背景,以当代成人教育直接面临的课题为基础,明确提出为构筑一个面向21世纪的学习社会,必须建立终身学习体系,必须继续发挥成人教育的重要作用,而只有将正规教育与非正规教育的教育功能和效果有机且紧密地结合起来,这一宏伟目标才有实现的可能。《汉堡宣言》和《为了成人学习的未来》行动计划报告书还分别就如何全面认识成人教育的概念提出了新的看法。该文件认为,对成人教育的认识绝不应仅仅局限在教育领域内,而应使其在更加广泛的范围内以及多维的层面上被更多的人关心和认识,从而成为一个意义更为深刻、涉及领域更为宽广的概念。

《汉堡宣言》和《为了成人学习的未来》行动计划报告书对20世纪90年代以来由联合国主持召开的如世界妇女大会等一系列国际会议提出的各种现代社会问题,以及成人教育如何进一步作出其应有和必要的贡献,提出了完全不同于以往的崭新观点。仅从这一角度来看,本届大会对世界成人教育活动的推进起到了跨世纪的桥梁作用。

就第五届国际成人教育大会的特点和意义而言,诚如前文所述,不仅参加的人数之多、引起重视的程度之高前所未有,而且更为重要的是,所有与会者的参与意识都十分强烈。

会议通过的《为了成人学习的未来》行动计划报告书,其草案在大会期间被反复讨论,最终在提出400余次修正案的基础上得到通过。此次会议的另一个不同凡响之处在于,尽管从大会的性质看,它与历次会议一样,属于政府间会议,但它也是联合国教科文组织有史以来首次接纳非政府组织和民间人士参与且人数最多的一次。正如《汉堡宣言》和《为了成人学习的未来》行动计划报告书所述,就世界成人教育的发展方向而言,今后将进一步谋求确立政府与非政府组织之间共同协作的体制。因此,从这一意义上说,该次会议标志着历来由政府代表等作为会议构成主体的组织形式开始向由政府、非政府组织以及民间人士共同协作、多方联合的方向发展和转化。这一具有历史意义的巨大转变,无疑已载入联合国教科文组织的发展史册。

(六)关于问题和展望

作为第五届国际成人教育大会与会者们共同关注的中心——《汉堡宣言》和《为了成人学习的未来》行动计划报告书已公开发表。然而,这两份应更多地汇集各种观点、表明多种意见的纲领性文件却依然主要体现的是大会事务局和联合国教科文组织教育研究所(UNESCO Institute for Education,UIE)的意见和观点。虽然在较短时间内汇集和反映范围、层次、内容如此广泛的参与者的意见和呼声着实不是一件容易的事,但人们还是对如此大规模、高规格的国际会议的组织运营、计划实施和讨论方式等方面提出了质疑。另外,《为了成人学习的未来》行动计划报告书从终身学习的观点入手,围绕各国成人教育今后的发展与普及,提出了意义十分深远的具体措施和提案。例如,各国政府应从占国民生产总值(GDP)6％以上的教育经费中抽出一定的比例(要规定数值目标)专门用于成人教育的发展;为了各国全体公民的发展,建议开展"一日一小时学习运动",即呼吁为每个公民争取每天一小时的学习权利;结合每年9月8日国际识字日运动,进一步拓展"联合国学习者周"活动……以上措施及其具体设想确实非常诱人,但人们仍担忧随着国际成人教育大会帷幕的降落,各国政府和非政府组织的代表将以何种姿态返回各自的国土。迎接21世纪的行动计划毕竟依靠的是政府的决心和各界的努力,而非美丽动听的誓言,各国能否履行对成人教育较高的投入水平,以及提供制度的保障等仍需在实践中加以检验。以中国为例,21世纪确实开启了大力发展终身教育的步伐,尤其是加大了政策推进的力度,由此使得成人教育在终身教育理念的背景下获得了新一轮发展的生机。

第二节　民主与实践的终身教育论的诞生

一、立足第三世界国家的成人教育改革家——保罗·弗莱雷的民主主义教育思想

(一)弗莱雷的个人经历及其成人教育实践

"的确,就弗莱雷而言,他在成人教育的哲学、政治学、社会学方面创造了具有深远洞察力的思想。毫无疑问,如果成人教育的理论想得到继续发展,对弗莱雷的思想予以考察无疑是非常必要的。但无论怎么说,弗莱雷所做工作的意义更在于,他为人类本身的发展以及教育如何为健全人格的形成

作出必要的贡献等,提供了给人以希望与理想的论点。"[①]以上是教育评论家比得·贾维斯(Peter Jarvis)对巴西平民主义成人教育家弗莱雷的成人教育思想所作的一段评价。

保罗·弗莱雷(Paulo Freire),1921年出生于南美大陆最东端大西洋岸边的伯南布哥州累西腓市(Recife)的一个中产阶级家庭。他的母亲是一位虔诚的天主教教徒,而父亲并不是。原本,在宗教盛行的南美大陆,如果双亲的信仰截然不同,那么家庭中往往会产生矛盾和纠葛,但弗莱雷的家庭是一个例外。他的父母互相尊重对方的信仰,因而这一有着不同信仰的家庭始终充满和睦与爱的气氛。这一切对少年时代的弗莱雷产生了积极的影响,在无形中为以后弗莱雷成人教育思想中的一个重要组成部分——自由对话原则的提出奠定了基础。

20世纪20年代末,正值世界经济大萧条时期,以种甘蔗和生产砂糖为主要产业的巴西经济也受到毁灭性打击。虽然饥饿与贫困也使弗莱雷的家庭陷入危机,但中产阶级家庭仍保护了弗莱雷,使他免受失学之苦。勤奋的弗莱雷以优异的成绩从中学毕业,尔后又考入累西腓大学。为了大学毕业后能成为一名葡萄牙语教师,他最初选择了哲学和语言心理学专业。

1944年,弗莱雷大学毕业后不久,如愿以偿地谋取到当地一所中学的教职。在那时,他与同为教师的埃尔莎(Elza)相识并结婚,而共同的教师职业和共同的天主教信仰,又使埃尔莎成为弗莱雷之后工作中的得力助手。

自1946年起,弗莱雷开始在其出生地——伯南布哥州州

---

① 宫坂广作.生涯学习的理论[M].东京:明石书店,1990:79.

政府，以州社会事业团教育文化局顾问（后升任局长）的身份从事农民和劳动者的教育。在工作期间，弗莱雷不仅加深了对一般民众现状的了解，而且增强了理解和为他们服务的自觉意识。也是从那时起，弗莱雷的成人教育思想的早期理论框架开始形成。汇集了这一思想理论的主要结晶——关于成人识字教育问题的博士论文——也在1959年最终提交给累西腓大学。此后不久，弗莱雷被累西腓大学任命为教育哲学和教育史的教授。而他在努力从事研究、完成教授使命的同时，还积极担负起推进累西腓地区民众识字教育运动的组织和推广工作。弗莱雷成人教育思想中的另一个独特部分——识字教育理论，也在该时期打下了基础。

1962年，弗莱雷应累西腓市市长M. 阿拉斯（M. Arraes）的邀请，正式负责该市推进成人识字（扫盲）教育计划协调员的工作，在这段时间里，弗莱雷又创办了因积极推进成人的扫盲教育而逐渐闻名全国的文化推广组织。由于扫盲教育计划的成功实施，第二年，弗莱雷开始在若昂·贝尔肖尔·马克斯·古拉特（João Belchior Marques Goulart）任期的巴西政府中任职，被任命为"全国扫盲教育计划"的指导者。当时，弗莱雷在政府教育部部长等的支持下，从荷兰进口了3.5万台幻灯机，并构想配备在全国近2万个文化推广组织中。与此同时，弗莱雷还在全国几乎所有州开设了为期8个月的州扫盲教育协调员训练班。截至1964年的统计资料表明，当时全巴西约有200万人参与了由弗莱雷主持的成人识字教育活动。

对于弗莱雷这一庞大而有效的成人教育计划，与当时古拉特政府对立的反动势力却认为，这是在煽动民众，是在给民众传授变革思想,是企图颠覆国家体制,从而对他进行了猛烈的政治攻击。1964年3月31日,古拉特政府被军方势力推翻,弗莱雷也被掌握了新政权的反动势力视为最具影响力的极端危险分子而遭到逮捕并被投入监狱。在度过了75天牢狱生活后,弗莱雷被迫离开祖国流亡智利。在滞留智利的五年中,弗莱雷一方面协助智利政府继续推广成人识字教育活动,另一方面对在巴西展开的成人教育实践活动进行理论上的总结和归纳,并完成了人生中最重要的两部著作——《被压迫者的教育学》(Pedagogy of the Oppressed)和《为了批判意识的教育》(Education for Critical Consciousness)

1969年,弗莱雷接受美国哈佛大学邀请,作为客座教授在该校教育和开发研究中心工作。弗莱雷仅仅在哈佛大学逗留了不到一年的时间,却在哈佛的教育研究刊物上发表了一系列研究文章(包括1970年的英译版《被压迫者的教育学》)。弗莱雷有关成人教育的思想,在北美教育研究者中引起了极大反响。

1970年以后,弗莱雷又被日内瓦"世界教会协议会"(World Council of Churches)的教育部门任命为特别顾问,从此,其影响力进一步扩展到西欧和非洲大陆。1973年,英国开放大学为表彰弗莱雷对世界成人教育的发展所作的杰出贡献,授予其"名誉博士"称号。

(二)弗莱雷成人教育思想的基本内容和特色

迄今为止,弗莱雷开展的教育实践活动几乎都以成年人为对象。从这个意义上来说,他的教育学也可称为"成人的教育学"。但是从他创立的教育思想,特别是有关教育的基本原理来看,其适用范围并不一定限于成人阶段,可以说它是适用于人类教育的普遍原则。因此,从这一立场出发,称弗莱雷的教育学为"人类的教育学"或"终身的教育学"并不为过。"因为就人类的本质或教育的本质而言,从一定的抽象水平来看,成人的教育学与儿童的教育学之间并不存在本质的差别。"①因此,我们在研究弗莱雷的教育思想或原理时,应把它放在一个更广泛的年龄层面来进行观察和考虑(当然,对弗莱雷以成人为研究对象显示出的具体特性仍有必要予以强调)。换言之,从终身教育的立场和观点出发,分析和研究弗莱雷教育思想的特色才是至关重要的。

1. 教育目的观

弗莱雷认为,人类存在的目的(或意义)在于追求自身的"人性化"(humanization)和"博爱化",而人类的使命就在于通过自身的努力创造"更为丰富的人性"。但是,在现实社会中,阻止"人性化"形成的各种"非人性化"的现象随处可见。从这一历史的现实来看,弗莱雷认为,人类社会确实存在"人性化"与"非人性化"的矛盾和纠葛。那么,作为"人性化"尚未得到最后完善的人类,未来将会作出何种选择? 一旦陷入"非人性化"的社会现实,那么除了绝望地成为"犬儒主义"(cynicism,意为愤世嫉俗、玩世不恭)者,还存在何种出路? 对此,弗莱雷的回答和看法是,人类迄今为止的历史,可以说就是追求人性完善和与"非人性化"现象作殊死斗争的历史;由于现实社会仍存在"非人性化"现象,或者说,仍存在来自社会的不公平的压迫,

---

① 宫坂广作.生涯学习的理论[M].东京:明石书店,1990:86.

所以人类也不会停止追求"人性化"的目标。

何谓"压迫"？弗莱雷认为，压迫出自造成"死亡、贫困、绝望"的不公平社会秩序，出自掠夺人性的"榨取、暴力、欺骗"。因此，要想回复人性，实现人性解放，就要以"自由、正义"与不公平的社会秩序斗争，就要号召人们争取从没有自由的肉体劳动中解放出来，从遭受歧视的社会中取得人格的承认和肯定。换言之，为了实现人性的完善，人们应自觉提高与来自社会的压迫势力进行斗争的自我意识，并在这一认识的原点上求得人性解放。那么，如何帮助人们认识社会存在不公平的秩序？又如何启发人们为改变这种遭受压迫的现状，为获取自由和平等，增强反抗的意识，把握正确的方法？弗莱雷认为，此即教育应发挥的作用。

2. 学习的本质化理论——自觉化观念

就弗莱雷的学习目的论而言，他认为重要的是如何在受压迫的状态中努力寻求解放的途径，并设法使受压迫者认识到受压迫的现状以及压迫产生的原因。弗莱雷指出，只有在对以上状态具有清醒认识的基础上，才能谈及如何改变这种状况，才能形成自我改变的意愿和能力。而这种认识与意愿的发展过程，弗莱雷即称之为"自觉化"（也可称之为"意识化"）。学习的意义就在于完成这一自觉化的过程，而教育的作用则是为这种自觉化的加速形成提供援助。对于自觉化的过程，弗莱雷指出，个人应从自我生活的客观现实入手，形成对问题状况的意识，然后再将自己放在客观的问题状况中予以对象化，随后产生解决问题的愿望，对作为行动主体的自我予以确认。这就是弗莱雷提出的阶段性意识形成与发展的进程,也即学习的自觉化过程。

3. 受压迫者意识的特点

从本质上看,凡受压迫者都希望具有作为人的尊严,都有回复人性的要求。这种自觉化的形成过程,在具体实践时却表现得不那么简单。这是因为存在阻碍自觉化形成的各种障碍,其中,由压迫者施加的压迫影响和支配力是导致受压迫者自觉化意识难以形成的主要原因之一。

弗莱雷指出,就压迫者的意识而言,他们往往认为其周围的万物都是可支配的对象。包括土地、财产,甚至人——包括他们的肉体和时间在内,都被贬为可支配的对象。毋庸赘言,压迫者的意识来源于他们的物欲,来源于他们对自身购买力的确信。但问题是,被压迫者因受到压迫者意识的影响,其内心深处往往存在相互矛盾的两重性格。在压迫和暴力的状况下,受压迫者的肉体虽然活着,精神却是以分裂的状态存在着。"受压迫者们往往在受支配的构造中生长,他们为生存而不得不顺应这种不合理的构造,并常常误认为这是不可改变的。他们虽有为追求自由而进行斗争的要求,可一旦考虑到由此可能带来危险,他们斗争的决心就常常会在瞬间变得虚无……受压迫者的内心深处经受着两重痛苦的煎熬。他们明白地知晓没有自由的生活毫无价值。但他们在期望的同时又怀着恐惧,在希望自我得到承认的同时又将压迫者的意识深深地融入自己的意识之中……"[1]这就是弗莱雷对受压迫者意识特点的分析。

---

[1] P. Freire. Pedagogy of the Oppressed[M]. London:Penguin Books,1972:24.

4. 受压迫者意识的解放

由于社会存在压迫的现实,而且受压迫者还因意识的麻木而被压迫的环境完全吞没,因此,在弗莱雷看来,若要解放受压迫者,首先需要帮助他们排除意识上的障碍。

那么,受压迫者应如何排除意识的障碍并在被压迫的现实中求得自我解放?弗莱雷认为,"应以那些为争取自由而斗争的人为榜样,并通过他们的斗争实践增强自身对压迫的批判意识"。① 弗莱雷对此还强调指出,受压迫者不能被压迫的现实吞噬。"为了不致使自我的斗争意识被埋没,应设法从被压迫的泥淖中挣脱出来,并对此进行坚决的抵抗。可以说,这是为了世界的变革,也是为了改变世界而采取的思考和行动。"②

受压迫者的意识还有一个特点——自我轻视。弗莱雷认为,这一特征的形成无疑也与压迫者强加给受压迫者的不公正评价以及这一评价在受压迫者心中进一步内化有关。因此,为了克服受压迫者这一自暴自弃的劣等感,提高自信心,唯一的方法就是积极汲取增强自身力量的知识。弗莱雷指出:"在这个世界上生存,在与他人的交往中,我们应学习各种各样的东西,也应知道各种各样的事实。我们应为恢复自信而自觉地提高自己的学习能力。而这一切,又有必要通过'解放的教育'这一手段来予以实现。"③

---

① P. Freire. Pedagogy of the Oppressed[M]. London: Penguin Books, 1972: 27.
② 同上: 28.
③ 同上: 38-39.

5."为了解放的学习运动"的方法论

弗莱雷的"为了解放的学习运动",实际上是伴随对压迫者进行的反抗和斗争而展开的一种社会运动或社会实践。

发起这一学习运动的目的,首先是通过有意识的学习活动促使受压迫者认识到自己受压迫的现状,以及为改变这种状况而采取的自我组织的形式,并渐而推动更多的民众参与这一为形成"自觉化"意识而展开的学习运动。

弗莱雷认为,这种学习活动实际上是整个解放受压迫者运动的重要一环,并且可视作为实现"人性化"进行斗争的一个普遍原理。诚然,压迫者不会甘心失败,也不会自动退出历史舞台,他们对民众惯用的武器和手段有压服(conquest)、分割统治(divide and rule)、操纵(manipulation)和文化侵略(cultural invasion),等等;解放运动采取的相应行动原则则是协作(cooperation)、为了解放的团结(unity for liberation)、组织化(organization)和文化的统合(cultural synthesis)等。

弗莱雷指出,如果将压迫者的行动原理和被压迫者的为了解放的行动原理进行对比,则可看出它们的问题焦点反映在"反对话的"(anti-dialogical)和"对话的"(dialogical)的根本区别上。而"对话"的原理又代表了弗莱雷教育思想中最为重要的基本概念和方法论。弗莱雷在其成人教育实践活动中设计的一系列学习方法的定式,如问题的设定、存在状况的程序化等,几乎无一不是以"对话"的原理为基础而具体展开的学习过程。

6."对话"原理及其本质

"对话"是人类在交流中产生的,它的本质是由语言组成的。但在弗莱雷看来,"对话"似乎并不应仅仅限定于作为人类的交流手段这一理解上。弗莱雷指出,作为构成"对话"要素的语言,其中还包含思索(reflection)和行动(action)两个方面,而思索和行动的基础是实践。因此,在弗莱雷看来,语言产生的根源除了实践不可能是别的什么东西。"思索和行动,如果将它们分离或摒弃其中任何一方,那么势必会影响和累及另一方,由此可以看出,它们是互为根源的相互关系。真实语言必定同时包含实践内容,从这一意义上看,真实语言的使用无疑为世界带来了变革。"①

对于语言与实践的关系,弗莱雷还作过以下说明:"如果反映的是不真实的语言,即不能对现实的变革产生作用的语言(指思索与行动相分离的状况),那么就会发生二元化构成要素被分割的现象。然而,如果从语言中抽去行动的成分,那么思索就变成一种空虚的表现,而语言也就成了毫无行动约束力的空话;反之,如果过分强调行动的因素,而抹去思索的成分,那么语言就会变成行动至上主义的同义词——为了行动而行动。这便不仅是对真正实践的否定,而且'对话'也不可能持久进行。所以,任何一种两分法都可得出不真实的存在形态,以及不真实的思考形态的结论。"②

可见,弗莱雷认为,语言应是认识社会的手段,应是形成世界观的武器,改造世界由此才成为可能。弗莱雷还指出,正因语言的产生,人类才可能对世界的各种课题产生认识,才有

---

①② P. Freire. Pedagogy of the Oppressed[M]. London: Penguin Books, 1972: 60.

可能在劳动、思索和行动的过程中实现自我的彻底变革。

由于语言具有如此重要的作用,因此弗莱雷提倡应让人们讲真话,并认为这是"人类的权利"。至于人与人之间通过语言形成的那种特殊形式的沟通——"对话",弗莱雷则认为其具有更为重要的意义。在这里,首先,就"对话"的基本原则而言,弗莱雷主张以"爱"为基础,因为唯有"爱","对话"才有存在的价值。其次,"对话"的伦理原则应强调"谦逊"和"信赖"。没有自知之明,或是蔑视他人能力,"对话"都不可能持续进行。换言之,只有基于"爱""谦逊""信赖"的"对话",人与人之间对等的和信赖的关系才能建立。

对于"对话"的存在条件,弗莱雷还强调指出"希望"和"批判的思考"这两个重要因素。对于"希望",他认为,人类基于自身的不完善和未完成部分的欠缺,出于对新的人生的探求,而形成与他人进行交流的企盼;"批判的思考"是由于人类基于世界的发展的动态过程,为了使自己的行动不至于脱离不断变换的现实,而必须具有"批判的思考"意识,即不断对社会现实予以反思。

从以上一系列分析入手,弗莱雷提出了如下见解:"关于'对话',我们应对它提出其'批判的思考'的要求,而若具有了'批判的思考',人们便可产生新的'对话'。须知,没有'对话'就没有(人的)交流,而没有交流的地方,真正的教育也就不可能存在。"[①]

[①] P. Freire. Pedagogy of the Oppressed[M]. London: Penguin Books, 1972:66.

7. 弗莱雷论教育过程的性质

在迄今为止的很长一段历史时期内,在学校教育或其他教育领域中,就教育者与受教育者之间的教育形式而言,一直存在一种"叙事型"(narrative)注入式教育方法。弗莱雷形象地称其为"银行储备型教育",并持较严厉的批判态度。为克服这一说教式的弊病,弗莱雷提出了一种新形式的教育过程——"问题提出型教育"(problem-posing)。这是弗莱雷从人类具有面向世界的意识这一角度出发而倡议的必须以设定世界与人类相关的课题为目标的教育观。[①] 对于"问题提出型教育",弗莱雷作过这样的说明:"所谓'问题提出型教育',就是对尚不明了的事实真相予以阐明。……这是对意识的唤醒所作的努力。处在现实世界中的学习者时时刻刻面对与自身发展有关的各种问题,而且越来越感受到挑战的存在……为了接受挑战并唤起迎接新挑战的信心,学习者必须以积极的态度介入。"[②] 弗莱雷认为,在变革与流动的世界中,教育者应通过对问题的提出唤起学习者的思索,以及应通过对客观世界的认识引发学习者对现实社会的批判性思考,然后在此基础上努力探求事物的本质,并力求采取具有创造性意义的行动。

8. 弗莱雷关于教育工作者的任务和条件

长久以来,由于教与学都被置于"银行储备型教育"的环境之中,因此作为"叙述"主体的教师和必须在忍耐中予以倾听的客体——学习者,虽然被"注入"了各种各样真实的信息、

---

① P. Freire. Pedagogy of the Oppressed[M]. London:Penguin Books,1972:58.
② 同上:54.

有价值的知识以及与现实相关联的经验等,但是弗莱雷认为,这只是些枯燥无味、没有生命力的东西。教师处在这样的环境中,只能从现实出发进行一些静止的、机械的分析和"预言类"的告诫等。但他们所作的说明或讨论的话题,很可能是与学习者自身的经历、经验完全背离或疏远的。因此,弗莱雷认为这是一种丢失具体对象和针对性内容的教育,而实施这种教育的结果,只会是使具体而生动的知识传授沦为一种空洞且与实际脱离的"饶舌"。

弗莱雷一贯厌恶说教式的教育方法,认为这仅仅增强了学习者机械记忆的能力,并将学习者变成一个接受知识的容器。学习者的创造能力、变革能力和对知识的理解能力等也就此遭到抹杀。处在这种状态中的教师,由于从一开始就将学习者放在"无知"的地位,因此教与学之间的"两极对立"显而易见。为克服教育者与学习者之间的矛盾和对立状况,力求使两者的立场趋向一致,弗莱雷提出并倡导"解放的教育",即教育者应具有"人性主义的革命思想",极力培养学习者"批判的思考"能力,并对学习者企盼的"人性化"要求给予支持和协助。换言之,弗莱雷主张教育者要从延续至今的"储金者"(depositor)、"命令者"(prescriber)、"饲育者"(domesticator)的角色转换成学习者群体中的一分子,并发挥其作用。弗莱雷还主张,要彻底放弃教师与学习者原有的上下级关系,通过平等对话的方式形成一种教师兼学习者、学习者兼教师的新型关系。在这一新型关系中,教师将不再是单纯的教授者,而是通过"对话"也成为学习者;学习者也将不再仅仅以接受教育为主,而是在受教育的同时,也将自己的经验、看法等传达给教育者。这种方法不仅能促使教师和学习者互相得到发展,而且是一个共同承担责任的过程。①

(三)弗莱雷教育思想的特色和评价

弗莱雷作为一名教育实践家和教育运动的理论家,其思想、理念和一系列成果受到世界各国的高度重视,在国际学术界赢得了声誉。就其思想和理论特色而言,概括起来大致有以下三点。

1. 人类观

弗莱雷认为,人并不是一个抽象的概念,而是存在于一定时代、一定社会中,发挥一定作用的活生生的"东西"。换言之,人类的意识无疑将受到历史的、社会的"世界"和"现实"的规定。

从这一认识观出发,弗莱雷提出了他的"解放的教育学"。他主张关心学习者自觉化和意识化的问题,并尽可能真实地把握人们的思想,通过问题提出的方法和实践来引导学习者思想的变革与发展。

弗莱雷还认为,人类的发展具有一个过程,而人类处在这一追求完美的进程之中,自身就暴露出相对的不完美和缺陷。如何使人们意识到自己不完美的程度并强化这种自觉性,无疑是人类区别于动物而存在,并表现出教育要求的根本所在。弗莱雷认为,人们处于具体的社会现实中,其意识必然会受到环境因素的影响。因此,如何发展人们"批判的思考"的能力,无疑是使那些因受压迫而容易相信宿命论的人从根本上改变

---

① P. Freire. Pedagogy of the Oppressed[M]. London:Penguin Books,1972:53.

自身状况和地位的最好方法。而采用这一方法的重要手段之一,就是通过"对话"——实现自我与他人的交流。

2. 认识论

就弗莱雷对客观世界所持的认识论而言,他主张现实认识与现实变革统一、主观性与客观性共存的观点。以现今社会仍存在受压迫的现实状况为例,他认为,受压迫者要获得解放,固然要追求变革现实的客观状况,但一味强调抗争性、否定主观性的看法实际上是一种误解。弗莱雷指出,不具主观性的客观考虑实际上是不可能的。因为这两个方面抽去任何一方,另一方将无法存在。弗莱雷认为,在对现实状况进行分析时,如果断然否定主观性,就会犯客观主义的毛病;反之,在分析问题或付诸行动时,如果全盘否定客观性,又会陷入唯我主义的主观论之中,因为否定客观现实就等于否定行动自身。

在迄今为止有关主观主义认识论与客观主义认识论的传统争论中,弗莱雷明确主张两者应统一。弗莱雷认为,客观世界与人类主体的关系,并非完全以割裂的形式存在,而是互为因果,互相作用。弗莱雷认为,马克思的唯物论并不主张割断世界与人类;马克思批判的是那些否定客观世界的现实的主观主义(subjectivism),而不是主观性(subjectivity)。因此,对于客观世界的现实应予以承认,但同时也应对认识客观现实进而实施变革的主体一方的主观性予以相当的重视——这就是弗莱雷关于认识论的基本看法。

3. 弗莱雷教育思想的构成要素

弗莱雷教育思想的形成与其个人独特的生活经历、学习与研究,以及丰富的教育实践不可分割。可以说,他的思想和理论的构成要素极其多元、复杂,其立场、观点和思考方式往往与众不同。例如,在其早期著作中,现代神学、革命的社会主义和实证主义等思想便常常并存。不过,就弗莱雷教育思想最基本的特色而言,当属其激进的民主主义色彩。在弗莱雷的早期著作,如《教育:自由的实践》(*Education: The Practice of Freedom*)(1961)一书中,就表现出一种自由主义式民主主义。不过即使如此,弗莱雷在这部著作中,从巴西社会存在压迫这一现实背景出发,主张受压迫者争取获得解放,由此展现的思想也并不单纯是资产阶级民主主义教义的翻版,而是充满变革性的社会哲理。弗莱雷在书中强调,为了争取建立一个民主的市民社会,所有市民都必须积极、自主、能动地参与社会文化活动,这是市民自身的社会责任和政治责任。

若要探寻弗莱雷教育思想产生的源流,还应追溯其天主教信仰。虽然教会在历史上曾扮演粉饰太平、助纣为虐的角色,但不可否认的是,教会也常常作为政治和文化运动的同盟者发挥推动社会变革的作用。可以说,弗莱雷正是汲取了天主教教义中"爱"的成分,摒弃了其"榨取"的部分,从而确立了为世间受压迫者谋解放的信念。

毋庸置疑,马克思主义思想对弗莱雷的影响也是极其巨大的。在弗莱雷的著述中,马克思的观点被一再引用,"排挤""解放""实践""革命"等构成了弗莱雷思想的基本理念,也几乎全都可以从马克思主义那里找到出典。诚然,他绝不是一个马克思主义者,因为不论是他的政治立场还是思想观念,都显示出极端的资产阶级市民主义。换言之,弗莱雷只是站在第三世界平民的立场上,同情和支持社会主义的革命运动。

而他的"社会主义观念",严格说来只是带有人文社会主义色彩和革命性的市民主义而已。

弗莱雷的教育思想和教育实践,不仅在巴西,而且在非洲甚至整个第三世界都具有极大的影响。他提倡通过大规模的识字教育来改善穷人的社会地位,认为教育的作用就是培养人们的批判性意识,以及通过意识觉醒提高人们对社会问题的深刻理解。他强调教育是推动社会产生急剧变革的重要力量,更主张教育的目标是实现人类自身的最后解放。

在20世纪70年代,弗莱雷的教育思想和著作被一些世界著名大学列为成人教育专业必读文献,而他本人也被誉为"对当代教育工作者具有最深刻影响的重要人物"之一。弗莱雷虽未对终身教育给予直接的评价和论述,但他那具有深邃教育内涵的教育理论和实践,尤其是他基于第三世界发展中国家的立场独创的教育理念,无疑将为当今世界探索和寻求如何使终身教育的原理普遍适用所有国家与地区带来最有意义的启发。

二、被压制和解放的辩证法——埃托雷·捷尔比的终身教育思想

(一)民主与实践的终身教育论的奠基人和杰出推动者——埃托雷·捷尔比

"何谓终身教育?终身教育以实现作为本质的个人的自主性或文化的自律性为目的,同时作为社会的、政治的诸过程中的一部分而存在——埃托雷·捷尔比的观点,使人们对这一概念有了更深层次的理解,而其有关终身教育的思想,也无疑为所有生活在社会底层,反抗社会不平等所造成的受压迫

的构造而进行最顽强不屈斗争的人们带来了鼓励和希望。"①以上是教育评论家科林·格里芬(Colin Griffin)对现代终身教育理论的倡导者和实践家捷尔比所作的评价。

埃托雷·捷尔比(Ettore Gelpi)1933年出生于意大利米兰,青年时代曾在米兰大学攻读历史、哲学和宪法并获得法学博士学位,后赴美国哥伦比亚大学就读成人教育专业,并获得成人教育硕士学位。20世纪50年代初,捷尔比返回意大利,在米兰郊外劳动者聚居的地区开始了他最初的教育与文化工作。在此后的十余年间,他先后在米兰、那波里、罗马和意大利南部地区担任综合制学校与成人教育教师,并承担社会福利、成人教育的指导者、教育行政管理者的研修辅导等工作。1970—1972年,意大利总同盟(Confederazione Generale Italiana del Lavoro)设置的为担任专门职务的教员进行再培训的特别委员会推选捷尔比为委员长。在此期间,捷尔比首次被联合国教科文组织任命为南非象牙海岸的顾问,并在第二年接替朗格朗担任联合国教科文组织总部终身教育部部长。捷尔比之所以受到人们普遍的尊敬,不仅因为他接任了朗格朗的重要职位,而且因为他无论是在任职前还是在任职后,都一贯以极大的热情从事终身教育理论的研究和实践的推广,并且赋予终身教育理念以新的含义,在提出许多具体而有效的改革措施方面作出了巨大贡献。

捷尔比著作颇丰,1967年以来相继出版《教育史》(1967)、《没有椅子的学校》(1969)、《为成人教育的训练》(1969)、《为

---

① 宫坂广作.生涯学习的理论[M].东京:明石书店,1990:39.

科学教育的训练》(1971)、《终身教育与国际关系》(1985)、《终身教育：劳工问题和教育前景》(1990)、《工作、教育和文化》(1995)等,其中最负盛名的是《终身教育——被压制和解放的辩证法》(1983)。

(二) 捷尔比终身教育思想的特点

综观捷尔比的终身教育思想,其理论特点大致反映在三个方面。

一是对传统教育观的批判和对新学习观的倡导。捷尔比认为,终身教育无论是在时间维度上还是在空间维度上,均超越学校教育或古典成人教育的水平,因而终身教育涉及的范围也是传统教育学难以包容的。由此观点出发,捷尔比认为,对终身教育的研究,无疑要在新的地平线上进行开拓,因此在研究时必须牢牢把握终身教育的基础理论和实践两个方面。①

捷尔比和朗格朗均认为,"教育的固有领域"这一范畴原本并不单纯地存在,只有当教育在人类活动的总体中发生作用时,才作为人类活动的最本质部分而存在。换言之,捷尔比认为,教育的固有领域应与政治或经济活动不可分割。从这一论点出发,捷尔比认为,终身教育领域中设立的"研究分析网"并不应只局限于"教育系统构造"的分析范围;反之,研究者只有超越定式化的框架,认识到对学校和学校以外教育构造进行变革的必要性,"构造分析论"的研究才可能有成效,而以此为中心研究课题也才有可能。②

---

① 捷尔比.终身教育——被压制和解放的辩证法[M].前平泰志,译.东京:东京创元社,1983:31.
② 同上:36.

为什么会产生以上观点呢？捷尔比认为，各种集团和个人之所以会对终身教育政策提出要求是因为传统教育已无法满足他们的要求。因此，终身教育提倡的"教育"，其范畴应不限定于学校教育、社会教育或企业内教育、职业教育等范围，甚至终身教育也不应满足于建立包括职业教育、大学后教育、回归教育、成人教育和学校外教育等在内的教育体系。如果以此为目标便将终身教育的概念狭隘化了。

同样，从以上观点出发，作为捷尔比终身教育思想的前提——学习的概念，"也不应局限在被人类生活决定的时间和空间内进行"，而应被视为在所有劳动场所和环境中，以及具有人类学习意义的所有场合或设施中展开。因此，在捷尔比看来，对所有教育以外的场所和环境，诸如新闻媒体、余暇生活、政治制度及其社会体制、公共团体等具有的广义教育作用予以应有的重视相当必要。捷尔比还进一步主张，就终身教育的实施而言，不能仅依靠教育部门的专家，这极有可能导致终身教育被禁锢在官僚式的构造中难以挣脱，取得各领域内研究者的协助非常必要。不仅如此，在得到各领域专家协助的同时，还应考虑让"具有创造性和行动力的知识分子与民众运动"结合起来，这比什么都来得重要。[①]

二是揭示了终身教育具有两面性的问题。捷尔比认为，对现代世界崛起的终身教育思潮或发展动向予以无条件的赞美或完全一致的肯定是不可取的，采取无视的态度更是错误

[①] 捷尔比.终身教育——被压制和解放的辩证法[M].前平泰志，译.东京：东京创元社，1983：53.

的。在捷尔比看来,终身教育思潮的出现及其发展应被视为伴随现代社会体制的不均衡而生的尖锐矛盾的产物。因此,反映出的也往往是具有两面性的事物。捷尔比在其《终身教育》一书被译为日文出版时,特意添加了"被压制和解放的辩证法"这一副标题,意在向人们显示其认为终身教育具有两面性的鲜明观点。

在日文版《终身教育——被压制和解放的辩证法》的第一章"面向终身教育的政策"这一部分,捷尔比写下这段耐人寻味的话语:"就终身教育的概念而言,它常包含一些令人感到暧昧的内容,又随着经验和实践的积累与增长而逐渐消失。(终身教育强调)必须对所有人进行教育,但它应出于何种目的,又通过何种方式实现呢?终身教育因提高生产和强化从属于生产的部分而被提倡,其结果却极可能成为强化固有秩序的工具。但如果我们选择它的另一面,即与上述方向相反的方面,它则极可能使人们在劳动或余暇中,在社会生活和受爱情支撑的家庭生活中,成为一股反抗压迫并与之斗争的力量。"[①]概括以上这一观点可以看出,捷尔比特别重视"教育的两元论问题",以及基于此而衍生出的"复合型教育构造论及其具体化发展动向"这两个终身教育课题。对于"教育的两元论",捷尔比还作过如下论述:"无论如何,我们必须重视教育的两元论问题。从终身教育战略被选择的过程中,我们可以看出这一机制的内部仍存在两个互相对立的矛盾,即高质量

---

① 捷尔比.终身教育——被压制和解放的辩证法[M].前平泰志,译.东京:东京创元社,1983:16.

的英才教育与低质量的大众教育之间的矛盾。这一矛盾迄今仍未解决。事实上,大众教育的质量问题乃是终身教育诸课题中必须首先解决的问题。"[1]

捷尔比的理论再次揭示出现代终身教育中存在的矛盾和包含的两面性。在学术界,就终身教育的研究而言,实际上早在捷尔比提出这一观点之前便存在两种相互对立的看法。一种是"理想化了的研究方法",认为终身教育作为新的全球性理念,能满足现代社会对教育与文化的所有要求;而另一种"否定化的研究方法"认为,终身教育充其量只是一种政治性的、被操控的教育新形态。如果说捷尔比的观点出现之前,人们还在围绕以上两种看法争论不休,或极力寻求一种更为全面和规范的解释,那么捷尔比关于"终身教育存在两面性"的观点,则在一定程度上为人们开拓了理解终身教育的新视野——解决终身教育实践中存在的各种矛盾,可通过辩证的方法把握"受到压制和促使其解放"的动态,并通过具体实践的展开过程力求了解它的机制。在这里,为了实现终身教育理念倡导的各项基本原则,还应在地区、国家乃至世界范围内发掘新的战略,这也非常必要。为此,捷尔比还主张,应将视角从以往的"学习心理学与教育社会学相结合"的研究转向正在开展的"政治的"研究。在捷尔比看来,重要的是"对终身教育领域的研究不能只依靠教育部或大学进行,而是应通过社会运动与社会诸机构相结合的方式进行","研究计划也须通过地方的

---

[1] 捷尔比.终身教育——被压制和解放的辩证法[M].前平泰志,译.东京:东京创元社,1983:58.

诸团体、企业内的劳资代表会议、劳动者组织等共同协助的形式进行发展"。① 实际上,捷尔比对以上内容的强调还包含更深层的意义。捷尔比认为,终身教育如果单单依靠所在国的教育部及其终身教育的专任者来实施,那么在学究式制度的氛围中,终身教育很可能会成为该国教育制度的工具,进而缺乏从总体上对终身教育的正确认识。②

三是终身教育的"自律性"和主体的"自我"形成理论。这是捷尔比对终身教育的方法论构想,与上述第二方面的特点相互关联。终身教育的"自律性"和主体的"自我"形成理论,首先是基于"终身教育的历史和社会的研究方法",或者说是从"社会史"的立场出发进行论证。所谓教育的"自律性",在捷尔比看来,即教育具有自我调节的机能。既然教育具有自我调节的"自律"属性,那么"面向终身教育实践的新方针就应是期待着为创造一个新的社会,建立一个更加丰富、和睦的人际关系,以及促使人类社会迈向一个更为飞跃的新阶段"。不过,捷尔比在强调教育的"自律性"和追求教育的新方向时,也提醒人们万不可忘却"在任何社会阶段,包括现在也是如此,教育的活动始终与强有力的各社会势力密切结合"。③ 换言之,教育必然依附于一定的社会政治势力及其政策。

在这里,捷尔比认同的终身教育概念应是由它的"政策、实践、过程、目标"等统合在一起构成的。因此,作为教育制度

---

① 捷尔比.终身教育——被压制和解放的辩证法[M].前平泰志,译.东京:东京创元社,1983:50.
② 同上:27.
③ 同上:29.

的全体而形成的一种新教育概念——终身教育与一般面向成人的教育实践,如成人教育、职业教育、继续教育等之间的区别应是非常明显的。① 不过,无论是终身教育还是一般成人教育,都应始终给予教育活动的"自律性"特征以重视,这也可以说是捷尔比理论受人注目的又一重要之处。

捷尔比在论述终身教育概念时,还强调应重视对教育实践的继承和发展,认为这是历史的丰富遗产。捷尔比之所以提出这样的观点实际上与其本人长时间直接或间接参与现代世界终身教育的实践、研究或运动有关。换言之,捷尔比是在自身实践的基础之上形成了其"进步主义的终身教育观"。若进一步综观这一"进步主义的终身教育观",则概括起来又有三方面的基本认识:一是"社会参与",即积极参与教育社会实践;二是承认"社会、政治和经济的教育"是不可缺少的要素;三是强调"自我决定学习"的意义及其必要性。

何谓"自我决定学习"? 实际上,捷尔比提出的"自我决定学习",是跨越纯自学或自修领域而建立起的一种"以学习者为中心的主体学习观"。那么如何理解"主体"的含义呢? 捷尔比认为,这并不意味着提倡学习者可以凭借自己的主观意志或个人目的开展学习活动,而是建议通过探寻社会问题,发现生活在现代社会中的人们所遭遇的问题、苦恼,以及他们的活动和努力,在此基础上再展开学习。换言之,这种学习是在"对应个人动机"的同时,在"寻求新的生活方式的过程中发展

---

① 捷尔比.终身教育——被压制和解放的辩证法[M].前平泰志,译.东京:东京创元社,1983:12.

起来的学习体系"。这种学习"不限于单纯的知识传授或通过一定时期的教育过程来完成,而是通过教育活动中产生的实践家和表现生活与文化的教育者,在为劳动条件的改善或劳动组织的变革进行的教育活动中形成"。①

(三) 捷尔比终身教育思想评价

最早对以捷尔比为代表的体现现代终身教育理论新思考的国际动向予以关注并加以研究的是在英国曼彻斯特大学任教的 R. 罗特克(R. Ruddock)教授。1979 年,罗特克教授将捷尔比历年发表的 18 篇论文汇编成两册论文集,并以《终身教育的未来》为题公开发表。在为该论文集作的序中,他曾以《为什么会提捷尔比》为题,写下了一段精辟而又独到的见解:"在 20 世纪 70 年代,包括成人教育在内的教育理论中,被引用得最频繁的著者乃是保罗·弗莱雷和伊凡·伊里奇(Iwan Illich)。这一事实只要看一看那些为谋求考试合格的成人学生写的考试答案和必读的论文书目即可明白。但是到了 20 世纪 80 年代,我们注意到第三位著者的姓名开始出现,他就是我们不得不给予极大关注的埃托雷·捷尔比。""这 10 年来,捷尔比一直在联合国教科文组织担任终身教育部门的行政负责人。这一地位赋予他对世界性的教育开发的全球性立场和宏观性思维,同时使他能阅读和研究来自 144 个加盟国的资料从而处在一个可以进行广泛比较的位置。他曾到访东欧、中欧、苏联、西欧和美国,即使是非加盟国或第三世界诸

---

① 捷尔比.终身教育——被压制和解放的辩证法[M].前平泰志,译.东京:东京创元社,1983:21-22.

国,如中国等,他也有直接考察的机会。这一丰富的阅历,又使他的著述水平达到了常人无法与之相比的程度。"

目前,学术界认为捷尔比对终身教育理论作出的积极贡献大致反映在以下五个方面。

(1) 针对现代终身教育在实践与推广的过程中出现的矛盾和问题,提出了辩证法解决的方法论观点。这一观点既不是理想化色彩的(认为终身教育能解答现代社会中教育与文化的所有问题),也不是批判性意味的(认为终身教育只是受政治意识形态和传统文化支配的一种被操控的新形态),它从人类受压迫的现状出发,认为终身教育是获取解放的过程中不断改革和斗争所采取的一种战略。具体而言,这一辩证法又表现为被制度化的构造朝向改变和建立新制度的辩证法,教育改革与社会、经济、文化改革的辩证法,寻求克服城市与农村、劳动者与资产阶级、男与女、世界的与国内的诸矛盾的方法的辩证法。

(2) 明确指出终身教育应为处于不利教育地位的受到社会压迫、排挤和榨取的人们提供帮助。

(3) 一反以往"为适应变化而发展"的被动终身教育思想,提出要自己负起责任,自己对自己的教育目标、内容和方法采取"自我决定"的学习观。

(4) 提出对终身教育理论的构建应以劳动者日常的劳动为原点来考察,主张通过自主管理将劳动者从劳动中解放出来。

(5) 对终身教育的认识要从国际视野入手,特别关注第三世界的发展,尤其强调要从民族自主的发展立场来考虑终身教育的课题。

然而,捷尔比受到最高评价的乃是其对教育价值的认识、信念和坚决付诸实践的努力。捷尔比致力解决的教育课题是,对于那些处于不利地位的人、那些受到社会压迫的人,以及被某些社会集团排斥、榨取而呐喊的人,即那些从属于第三世界的人民,那些被社会疏远的产业劳动者、移民劳动者及其家属,那些文化和语言相异的少数民族,那些与男性不能持平等关系的女性,以及那些失业者、退职者,等等,教育应如何发挥作用,促使这些人的生活、家庭及其自身能顺利得到发展。捷尔比坚定地认为,若论及教育或终身教育的终极目标,没有比以上这一课题来得更重要的了。

评价捷尔比终身教育理论的特点,还不得不与其前任——现代国际终身教育论的首创者朗格朗的终身教育思想作一番比较。学术界比较趋于一致的看法是,朗格朗的贡献在于提出并构建了现代终身教育理论的框架和设想,而捷尔比的贡献在于将这一尚处理论阶段的构想推向了实践。在这里,我们不妨引用日本著名终身教育学家、原东京御茶水女子大学校长波多野完治的部分论点。波多野完治在其写于1985年的《续终身教育论》一书中曾作如下评论:"如果论及朗格朗的终身教育理论,其实践方面实际上还只是一片空白。从这一意义上来看,朗格朗的终身教育只能被称作一种构想,或者说'空想'也未尝不可。"[1]接着,波多野完治又指出,朗格朗终身教育思想的核心之一是能够"教"和能够"学"的文化,但从本质上来说,那很可能只是类似于"文化主义"的"一般教养"而

---

[1] 波多野完治.续终身教育论[M].东京:小学馆,1983:173.

已;至于朗格朗及其当时所属的联合国教科文组织教育开发国际委员会,以及该委员会之后发表的《富尔报告书》,在现时看来也可被认为是基于欧美发达国家的设想提出的。至于这一构想是否具有普遍意义,对大多数尚不发达以及仍处于贫穷中的发展中国家而言,似乎作用不大。由此,波多野完治评论道:"虽然朗格朗对未来的教育应如何继续发展和完善等提出了许多设想,但这只是诱人的梦,有关终身教育面临的许多不可避免的矛盾及其两面性,几乎都没有涉及。"为此,波多野完治的观点是:"概括朗格朗所谓'初创期'(1965—1970)终身教育思想的特点,恐怕其'适应主义'的特点更为突出。这里虽不能断言朗格朗关于超越适应变革的考虑完全没有,但有一点是可以肯定的,即这种变革即使有,充其量也只是部分的,并且是有些令人缺乏自信的东西。"[1]

与之相对,波多野完治认为,以上状况直至 1972 年捷尔比接任朗格朗的领导职位才开始出现划时代的变化。这一变化的具体特征表现为,在联合国教科文组织一贯占主导地位的"欧美主导型"终身教育理论开始转变并让位于"以第三世界为主导型"的终身教育政策。波多野完治认为,这一转变与朗格朗和捷尔比这两位卓越教育家的个人经历与经验有关。捷尔比在就任以上职位的前一年,曾作为联合国教科文组织的顾问深入非洲的象牙海岸工作,而且在 20 世纪 50 年代至 60 年代,他曾在意大利的劳动者聚居区长期从事成人教育工作。对第三世界国家教育现状的深刻了解,以及在具体工作

---

[1] 波多野完治.续终身教育论[M].东京:小学馆,1983:149.

中积累的实践经验,都为捷尔比就任后充分印证其理论的独创性和有效性以及更大胆地进行实践,提供了宝贵的基础。与此相对,朗格朗的经历则要简单得多,在进入联合国教科文组织前,他仅仅是一位在加拿大蒙特利尔大学主讲法国文学的教授。

波多野完治的上述评论是否公允客观,这里暂不讨论,但代表联合国教科文组织的终身教育观确实是因捷尔比的"登场"而开始从理论构想步入实践与推广的阶段。终身教育在具体推行过程中暴露出的矛盾也因捷尔比的总结与推动开始引起国际社会的关注和重视。用波多野完治的话说,这是开始进入"反体制化的终身教育论"逐渐取代"体制化的终身教育论"的时代。这一理论体系不仅与前述在当时颇负盛名的巴西平民主义教育家弗莱雷和奥地利学者伊里奇(著有《去学校化社会》)等的理论相似,即同属反传统、反主流的教育学派,而且捷尔比理论的总括性特点甚至比之更具独创性。

(四) 捷尔比和弗莱雷教育思想的比较

正如上文所述,捷尔比和弗莱雷不仅同属反传统、反主流的教育学派,而且两人所持的立场也大致相同。不过,若将两者的教育思想仔细加以对照,仍可看出其中存在的差异。例如,就捷尔比的教育思想而言,其科学性、理论性较强,并且研究的重点偏向教育政策和教育计划方面;而弗莱雷的教育思想的特点主要表现为深邃性,以及研究内容更侧重教育原理和教育实践。诚然,捷尔比和弗莱雷均首先重视自身经历的成人教育实践,然后就实践中的经验予以省察和总结,再汇集并构建自身独特的教育理论,就这点而言,两者可以说是共同的。但同样是开展实践,弗莱雷面临的社会环境无疑远较捷尔比更险恶和困难。他不仅被投狱、监禁,而且被流放海外。因此,在这种几乎投入了自己生命的教育实践中产生的结晶——弗莱雷的教育思想,爆发出的冲击力和给西方世界带来的震荡是前所未有的。弗莱雷的教育实践以及由此产生的关于人类生存的哲理,确实给了现代知识分子和学者深刻的启示。在西方发达国家,不仅为数众多的有良知的成人教育工作者对弗莱雷十分崇敬,而且诸如捷尔比这样身居高位的人,也对弗莱雷深怀敬意。这不仅仅是因为弗莱雷教育思想的普遍适用性以及对西方社会和教育改革的预见,更深一层的原因还在于弗莱雷身处逆境但矢志不移,这种将毕生精力投入第三世界贫苦阶层成人教育推广活动的高尚人格赢得了人们普遍的尊敬。

捷尔比和弗莱雷教育思想的共同点,大致有以下八个方面:(1)剖析问题的辩证思考方式;(2)对受压迫阶级的同情和共鸣;(3)对教育的中立性持批判立场;(4)对政治与教育之间关系的把握;(5)强调民众学习活动的自发性和能动性;(6)对未来社会和人类的发展持乐观态度;(7)反对对民众性革命运动或社会运动的操纵和控制;(8)警惕革命成功后社会体制的官僚化等。① 有学者评论弗莱雷是一位天才独创思想家,而捷尔比更是天才地将弗莱雷的思想脱胎换骨,在包括第三世界在内的世界范围的终身教育实践中发挥出令人难以想象的作用。这主要指捷尔比融合了弗莱雷的思想,构建了

---

① 宫坂广作.生涯学习的理论[M].东京:明石书店,1990:76-77.

不仅能运用于西方发达国家,而且能同时运用于第三世界国家的终身教育理论体系。捷尔比不仅仅是弗莱雷的追随者,更是一个善于学习前辈经验并加以融会贯通,最后构建出独创性思想和理论的研究者。

第三章 现代终身教育理论展开的国际动向和主要课题

> 学习权就是人们读书写字的权利,是思考和提出问题的权利……它是基本人权的一部分,也是人类生存不可或缺的手段。
>
> ——《学习权宣言》

第一节　现代终身教育理论展开的国际动向

由于联合国教科文组织和其他国际机构的积极推广,终身教育理论已在世界范围内得到广泛传播与普及。但我们同时也注意到,虽然为数众多的专家与研究者正积极努力寻求和建立一种能使终身教育理论适用于世界所有国家的制度,但令人遗憾的是,这仍仅仅是一个诱人的理想,因为就任何一个国家而言,其在发展本国的终身教育时,都要先从本国特定的历史和原有的教育制度出发,即依据既存的成人教育或继续教育制度。换言之,任何一种脱离时代或者无视本国国情的终身教育政策都注定失败。对此,我们从朗格朗乐观的空想主义终身教育论到捷尔比能动的实践主义终身教育论的转换和演变过程中,即可触摸到这一理论发展的深刻国际背景。

尽管迄今为止,适用于世界所有国家的终身教育政策尚不存在,或者说尚不具备建立的条件,但这并不是说不存在应共同遵守或实践的理念和原则。经过国际社会多年以来的致力研究和推广,在终身教育的一些最基本的原则方面还是达成了较为普遍的共识。那么,国际社会已在哪些方面取得了较一致的看法?其议论的焦点又主要集中在哪些方面?当前面临的主要课题又是什么?本章将就这些问题作一番梳理和探讨。

一、权利的终身教育——教育机会的保障和平等

"终身学习权"的概念最早出自1985年联合国教科文组织在巴黎召开的第四届国际成人教育大会的会议决议——《学习权宣言》(Declaration of the Learning Rights)。这份宣言曾对保障个人学习权的问题作出大致包含以下内容的定义:"学习权就是人们读书写字的权利,是思考和提出问题的权利……它是基本人权的一部分,也是人类生存不可或缺的手段。"①对于这一定义,日本社会教育学者末本诚在其《生涯学习论》中作了更为明确的诠释:"所谓学习权,应理解为社会对个人,即使是从学校毕业后,也应对由个人通过自己的判断而提出的,要求贯穿其一生的学习自由予以保障,这一学习机会的提供,还应不拘年龄、不拘场所,并且应体现国家对个人学习权利的保障。"②

实际上,"终身学习权"概念的提出以及《学习权宣言》被采纳的背景,与该次大会上提交审议的由民众教育欧洲支部实施的一份研究计划有关。这份受联合国教科文组织于1976年在肯尼亚首都内罗毕召开的主题为"发展成人教育"的国际会议成果影响而实施的"关于成人教育立法研究"的计划,主要针对西欧各国1976—1985年间成人教育的发展,尤其是立法的状况进行调查总结。在最后提交给第四届国际成人教育大会讨论时,报告书提出了两项引人注目的提议:一是针对被调查国家之间普遍存在的成人教育体制的完善程度和发展

---

① 兼子仁.教育小六法[M].东京:学阳书房,1981:734-735.
② 末本诚.生涯学习论[M].东京:Eidell研究所,1996:53.

速度的参差不齐与不均衡,建议采取措施从总体上进行必要的调整和统一;二是强调应充分扩大成人的教育和学习权,并认为这应被视作对终身教育原则的最基本认识。

在该会议上就教育、学习权的保障和机会均等问题进行讨论时,还有不少国家提出了许多具有积极意义的提案。例如,英国在其提交的报告中指出,对于学习机会均等的问题,应将焦点从以往对同一年龄层的考虑转向对不同年龄层的考虑,同时强调成人教育在整个教育体系中具有与其他类型教育同等重要的地位。换言之,学习机会的提供不只面向年轻人,即使是成年人甚至是高龄者,也应采取某种措施保障他们的学习权。

对成人教育地位和成人学习权的最有效保障无疑是立法。在这方面,法国、德国、日本等国家均已走在世界前列。例如,法国在1971年制定了"关于在终身教育的范围内继续职业教育组织的法律",其中第一条规定,"终身职业教育应是国家的义务"。韩国在宪法中也规定"国家必须振兴终身教育"。德国的《继续教育法》和日本的《终身学习振兴法》也就人的终身教育和学习的权利问题作了明确而详细的规定。此外,还有相当一部分国家和地区制定了相关法规或条例。这些事例均从一个侧面显示出世界成人教育的发展已经迈上一个新的台阶,而且作为权利的终身教育(成人教育)的意义,也已被越来越多的人认识。

二、终身教育诸领域的整体再构建和组织化

关于终身教育诸领域的整体再构建和组织化是引起国际

社会广泛重视的又一个问题。众所周知,现代终身教育体系涉及多个组成部分。换言之,终身教育作为一个整体由各个既存的领域构成,其中又以成人教育和继续教育部分最为主要。根据日本学者末本诚的研究和分析,已实施终身教育政策的国家各自推行的侧重点虽不尽相同,但大致上都围绕以下五个方面展开:

(1) 一般教养;

(2) 市民教育;

(3) 职业技术训练;

(4) 成人学校教育(成人的基础教育和学位的取得);

(5) 文化及余暇活动。

末本诚指出,在这五个方面中,(3)和(4)是发展速度最快,且已实现制度化的领域,即已具有完善设备,建有专门教职员的体制等。与此相对的其他三个方面,则由于其无论是内容还是方法都极其复杂多样,因而其制度化过程的形成也比上述(3)和(4)来得困难。不过就这一点而言,日本是一个例外。第二次世界大战结束后,日本重建社会教育,并且赋予其民主主义思想,而且展开的重点正是国民的一般道德素养教育、文化传统教育、市民的余暇教育等。为重建战后的社会教育,日本在《教育基本法》(1947年3月31日制定)精神的指导下,又于1949年6月10日制定并施行《社会教育法》,从而在终身教育史上开创了将上述三个领域纳入制度化轨道的先河。但日本的社会教育并未达到"终身教育整体再构建"的要求,在重视国民道德素养和文化传统教育的同时,其职业技术教育和成人学校教育部分与社会教育几乎完全割裂。在日本,社会教育归属文部省,而职业技术训练和成人继续教育归属劳动省,甚至完全由企业自主进行,因而在上述另外两个领域,无论是理论研究还是实践展开,相对其他发达国家都薄弱得多。

在国际社会关于如何通过再构建使终身教育的各部分领域成为一个整体的议论中,还有几个探索性的观点引起了学术界的关注。其中之一是将终身教育理解为贯穿人的一生的,并且是包含着学校教育在内的"全体"的教育构造时,迄今为止构建的关于传统教育学的理论又将作出何种必要的改变?换言之,以学校和儿童为主要研究对象而建立起来的教育学理论在随着时代的变化面对终身教育的背景时,其内容是否要作出相应的改变呢?结论无疑是肯定的。相对于以儿童、学校为对象而研究范围受到局限的传统教育学,一门研究领域扩充并延伸至学校后和成人的新兴教育学的建立与形成则不仅必要,而且具有相当重要的时代意义。在这一方面,美国和欧洲的发展又相对领先一步,尤其是一些德国研究者在成人教育方法论方面开展的研究,以及法国关于成人学习论问题的探讨等,备受国际社会瞩目。以上这一系列成人教育理论的研究发展动向,无疑向人们表明了一个事实,即当世界迈入终身教育的时代,教育理论也必将随之发生质的变化并获得新的拓展。可以预见,随着时代潮流的不断推进,这一变化和发展会得到进一步扩大。

在讨论终身教育的"整体"构想时,还有一个值得人们注意的问题,即在讨论终身教育整体框架的重要性的同时,切不可忽略对其各"部分领域"之间作用和地位的重视。换言之,在考虑终身教育的"整体"结构时,还必须对构成"整体"的各"零件"的独立价值予以充分的肯定和认识。唯有这样,作为集合体的终身教育政策才可能是多元的,并在各个方面都能发挥优势。若从这一观点出发,对日本社会教育展开的活动内容进行分析,可清楚地发现其各"部分领域"间发展的不均衡性。这种不均衡性影响到他们制定的整体终身教育政策,甚至连终身教育法都暴露出结构倾斜的弊病,并呈现出"一元化"的趋势。① 如末本诚指出的,"失去了各个部分的个性和独立性特征而建立起的'整体',就其统合的主体——国家发挥的现实作用来看,极有可能被转化成一种具有统治和管理性质的系统"。②

三、对学校机能扩张的检讨

围绕终身教育理念开展的诸国际性论议中引人注目的又一个动向是对学校作用的重视和再认识的问题。学校作为培养儿童和青年健康成长的教育机构,迄今为止已发挥出极其重要的作用,这是毋庸赘言的事实。这里要讨论的是学生从学校毕业后,以及进入成人期之际的教育和学校的作用问题。对因教育机会提供得不够充分而未毕业即走出校门的青少年来说,英国1944年制定的继续教育法规可说是世界上最早的关于补习教育制度的代表性规定。不过这一规定以公教育制度的不完善或不够健全为前提而建立,因此其

---

① 吴遵民.试论日本生涯学习振兴法的制定背景、过程和问题[J].上海成人教育,1997,9:39-41.
② 末本诚.生涯学习论[M].东京:Eidell研究所,1996:51.

基本功能主要是弥补公教育制度的不完善导致青年失学这一缺陷，给予失学青年教育补偿的机会。在欧洲，一些近代发展较迟缓的国家，如西班牙、葡萄牙等，尽管学校教育制度早已建立，却仍将补习教育措施作为教育政策的一个重点，目的就是以发展成人教育的方法来弥补学校教育的不足。这种对成人基础教育的重视和期待，也能从当今世界对识字教育问题的推动和重视中深刻感受到，这同时也构成终身教育体系中极为重要的一部分。① 与此相对，有关学校作用的议论是以现代技术革新和政治社会状况的变化为背景，并以成人为对象而引发的关于学校新机能的讨论。如果我们将今后的学校教育对象构想为包括儿童、青年和毕业后的成人，那么以正规学校的形式设置成人教育是当然和必须的。对此，世界上已有不少国家开展了相关改革和实验。例如，意大利自1973年起便开始根据劳动协约的规定，确认劳动者的学习权利。为使劳动者能重新获得学习的机会，该国自1974年起开始在国立普通中学为成人劳动者设置专门的特别课程。这一举措也是世界少数国家为承认劳动者的教育权利而公开采纳劳动团体的主张——在公立学校内建立以劳动者为对象的教育制度，最终促使成人劳动者的教育权问题逐渐在公教育制度内占有一席之地。②

与此同时，为完善学校内的成人教育教学计划，意大利还在一些学校成立评议会，与会者不仅有学校的教师和行政机

---

① 末本诚.生涯学习论[M].东京：Eidell研究所，1996：57.
② 海老原治善.资料·现代世界教育改革[M].东京：三省堂，1983：30.

构的官员,还包括成人学生、劳动工会、地区文化团体的代表等。以上这些事实均从某个侧面较充分地显示出学校在成为终身教育体系的组成部分后呈现出的改革和发展的新轨迹。

在法国,还有一种被称为"中等教育设施群"的制度得到建立并展开了活动。这一制度规定的具体运作方法和目标是,在一定区域内,将若干所业已存在的中等教育机构(Lycee College——法国一种类似初高中一贯制的完全中学)以技术教育为中心进行连合(联网),共同为所在地区的成人和社会青年提供职业技术教育方面的训练。在现代成人教育发展的过程中,学校作为终身教育体系的一部分,不仅发挥出新的作用,而且其存在的意义也被人们赋予新的认识。

又如,北欧的挪威1969年通过一项教育改革法案,将义务教育的年限从原来的7年提升至9年,并在1974年又根据后期中等教育改革法的规定,开始创建一种被称为"综合制"的高中,即在高中阶段增设劳动生活指导和职业教育课程。这一新制度的实施导致当时必须解决两个新课题:一个是旧义务教育体制下毕业的学生与新义务教育体制下毕业的学生之间产生学历年限上的差距。因此,为了给旧义务教育体制下毕业的学生补上两年的义务教育,挪威政府动员成人教育的力量介入学校教育,帮助解决由此带来的大量增加的就学者。另一个新课题是,当时建立综合制高中的目的在于解决普通教育与职业教育之间的不平衡性。这种尝试的结果导致大学也随之发生变革,如入学对象的扩大,考试内容、专业设置的调整,等等。考虑到成人教育具有这方面改革的经验和优势,挪威的高等教育又随之引入许多成人教育的做法。

综上所述,这一系列涉及学校改革和发展的动向,实际上又都符合终身教育的基本形态,即回归教育的原则,也就是注重将学习者在学校学习的知识与在现实社会积累的经验和劳动相结合,从而实现一种横向型的回归学习。可以说,终身教育重视的学校作用正是建立在要求学校向社会开放,并通过自身的改革扩大学校的作用,即为所有走上社会的成人继续提供学习机会这一原则的基础之上。

四、关于民间团体的作用和功能

就终身教育理念及其政策的目标而言,其重要任务之一是对社会既存的教育资源进行重新组合。在以往的观念中,这一组织化过程必须有政府权力的介入,否则难以推行。[①] 但是,随着一些国家在建立成人教育体制的进程中,办学主体多元化和分权化的尝试取得极大成功,人们开始对原有观点产生怀疑。

事实上,在终身教育的组织化过程中,应充分利用国家和民间的力量,共同参与,协同努力。这在欧洲具有一定的历史传统,现今产生的议论和展开的实践也可被视为上述历史传统的延续与发展。就一般状况而言,参与终身教育组织化过程的主要民间力量大致来自以下五个方面:(1)自由社团;(2)宗教团体;(3)企业;(4)劳动工会;(5)商业活动组织。那么,这些民间团体如何发挥主体作用?其间又存在哪些问题呢?

---

① 末本诚.生涯学习论[M].东京:Eidell 研究所,1996:60.

当今国际社会中,有相当一部分国家对民间组织的作用和功能予以了充分的认识和重视,有些国家甚至专门制定了法律条文进行明确规定。例如,挪威1976年制定的《成人教育法》,对自主组织、教育当局和劳动工会、企业内教育组织三个与成人教育有关联的团体予以法律上的承认。同样的规定也出现在葡萄牙的国家政令中。据葡萄牙1976年发布的政府令,凡与民众教育有关的结社活动均予承认。需特别指出的是,以上这些法律条文或政府规定并非只是形式上的,其更重要的意义在于通过法律手段保障民间团体能得到来自政府或社会组织的资金援助和各方面的支持。例如,瑞典的劳动组织以及与基督教有关的民间团体,通过政府的斡旋获得了来自10个社会组织的资金援助,从而使民间学习小组的养成政策得到推进和发展。[1] 在中国,随着改革开放政策的实施和推广,有关"社会力量办学"的活动不仅在沿海城市迅速兴起,而且其具体运作方法、办学主体和设置条件等也被制定成法律条文,明令执行。[2]

作为组织化主体之一的企业,其地位开始受到特别重视。现代企业既是生产劳动场所,也是重要学习场所,这一认识现在不仅被人们接受,而且已成为现代企业的一大特征。随着认识的转变,备受关注的教育科学研究领域又会发生怎样的变化呢?由于传统教育学历来以儿童、青少年和教师作为主

---

[1] 末本诚.生涯学习论[M].东京：Eidell 研究所,1996：61.
[2] 中华人民共和国国务院.社会力量办学条例(中华人民共和国国务院令〔第226号〕)[Z].(1997－07－31)[2020－06－23]. http://www.people.com.cn/zgrdxw/faguiku/jy/F44－1010.html.

体构成的"学校社会"为研究对象,面对时代的变化,现在有一种观点认为,应以在现代社会占很大地位的劳动构成的"企业社会"为对象来重新构建教育科学研究领域。[①] 日本学者末本诚的研究表明,法国即有一所成立于大革命时期的教育研究机构——国立高等工艺学院(Conservatoire National des Arts et Métiers,CNAM)。它以成人教育研究为中心,以企业的学习活动为研究对象,在全国范围内发挥构建成人教育理论的中枢作用。值得注意的是,该研究机构的工作重心并未放在为追求企业的利润而着力提高劳动者的技术和技能上,相反,更多地基于哲学的现实主义批判精神,在反映阶级社会存在资本与劳动之间的矛盾同时,将企业内教育的研究重点放在劳动工会和劳动者的权利保障上。[②]

作为民间团体之一的劳动工会的作用受到重视。劳动工会在成人教育发展较早的欧洲一直起着积极作用,历史上劳动工会运动产生的影响——劳动者对自身教育的关心和学习意识的增强也延续至今。例如,在法国,企业内普遍设有劳资双方人数各半的企业委员会,这一制度不仅保证了劳动者在企业中的发言权,而且有关劳动者的教育问题也始终被企业委员会作为职工福利予以相当的重视。[③] 劳动工会在成人教育发展中发挥的积极作用在1972年于东京召开的第三届国际成人教育大会期间受到了高度评价。

近些年来开始盛行并逐渐发挥出作用的民间性和非营利

[①②] 末本诚.生涯学习论[M].东京:Eidell 研究所,1996:61.
[③] 佐藤香.法国的劳动运动[M]//末本诚.生涯学习论.东京:Eidell 研究所,1996:62.

社会小团体的活动受到广泛关注。实际上,一些国家早已建立法律规范这些民间小团体的存在。例如,法国的《结社法》,瑞典的对学习团体的援助制度,以及美国的《非营利组织法》(NPO 法案)等。

制定于 1901 年的法国《结社法》规定,凡两人以上申请,且以非营利目的结成社团的活动均予以承认。除此之外,还可享受某些税收方面的优待措施。对此,日本学者末本诚认为,"此种普通市民能自由地结社,且不计人数多寡都能积极参与教育、文化和福利方面活动的小团体制度被社会公开承认,并受到法律的保障,其意义无疑是相当深远的"。[1] 他指出,这一制度建立的背景,甚至可上溯至近代欧洲市民社会建立初期,自那时以来,市民社会之所以能逐渐成熟并得到健全地维持和展现活力,重要原因就是结社带来了多样的社会政治活动和丰富多彩的学习活动。

1998 年 3 月 19 日,日本国会经长期酝酿,终于通过了《特定非营利活动促进法》。但是,这一原为当时各在野党提出的拟名"市民活动促进法"的法案,在最后阶段被保守的执政党改名为"特定非营利活动促进法",从而使其内容蒙上了一层暧昧的色彩。这一法案共有四章五十条,但一些社会教育学界人士已经指出,此法条款内容具有不完全性和不充分性,尤其是对民间团体附加了许多限制性条款,而对非营利团体的财税援助等内容几乎没有。因此,日本社会学家小林文人指责道:"与其称它为《特定非营利活动促进法》,倒不如把它改

---

[1] 末本诚.生涯学习论[M].东京:Eidell 研究所,1996:63.

称为《市民活动管理法》,更恰如其分。"

五、对于国家权力作用的期待

国家权力的作用问题是引起人们议论的又一个课题。不可否认,在酝酿、计划和具体实施终身教育政策的过程中,最为切实也最为有效的推动力是国家权力。固然,民间团体的力量必须重视,但国家权力担负的责任以及发挥的作用,确实是任何其他力量无法比拟的。近来人们特别关注国家权力如何对那些高龄者、残疾者、失业者、退职下岗者、移民、少数民族以及身心薄弱的青年等"社会弱者"的学习机会予以切实的保障,以及如何对具体政策予以充分的落实。

世界上大多数国家均已在成人基础教育和第二次教育机会方面予以相当的重视和促进。一些北欧国家还优先为部分因自然或社会原因失去学习条件的人(如居住在边远地区和孤岛的居民等)提供教育机会。为此,近年来出现的"积极的差别"(positive discrimination)理论(建议人们采取积极的手段消除某些因不可避免的原因而产生的教育或学习上的差别)引起了人们浓厚的兴趣。所有这些方面的实践和成功经验都进一步为国家权力如何发挥应有作用提供了理论依据。

一个国家或地区在构建其终身教育政策时,若仅仅出于提高其教育行政效率或经济方面的考虑,显然远远不够。国家权力只有在促使普通民众的学习机会的扩大方面继续发挥独特作用,并且始终将其视为最优先的发展课题,才能成为终身教育理念全面实现的基本条件。

第二节 现代终身教育面临的主要课题

对于现代终身教育课题的探讨和论述,将从两个侧面入手:一是对与终身教育基本原理相关的,如教育(学习)过程计划的课题、教育(学习)形态的课题、教育(学习)目的的课题等进行剖析;二是围绕现代社会的实际状况,分别就家庭教育、学校教育和成人教育面临的课题进行归纳与检讨。

一、关于终身教育基本原理的课题

(一)教育(学习)过程计划的课题

通过前几章的介绍,我们已大致明了,终身教育的基本理念之一就是提倡人们一生不间断地参与学习活动,并且期待所属社会或政府在人们提出这样的学习要求时尽可能地创造良好的教育环境(条件),通过提供多样化的学习机会给予具体支持。在这里,切实而有效的教育计划的制定和规划是实现上述终身教育理念的重要步骤与先决条件。实际上,这一课题的重要意义不仅在此。一旦终身教育的方针和实施计划被制定并得到确立,那么为了实现这一具体的方针和计划,原有的不适应终身教育发展的政策和制度便都有被修正或改革的可能和必要。

教育(学习)过程计划大致可分为两个部分:一是涉及一个国家、地区的大系统的计划(也称为"教育规划");二是关于某些具体的教育活动或公开讲座等较小范围和规模的计划(又称为"计划大纲")。以下有关这一课题的讨论将主要关注

第一部分。当我们着手就大系统教育(学习)过程计划的课题进行检讨时,不妨首先参考两份相关资料。

第一份资料是加拿大阿伯特州教育计划审议会在对未来(终身)教育制度进行规划设计时提出的《"10原则"建议书》,其内容包括:(1)适应性(adaptability);(2)关联性(context);(3)协作(coordination);(4)多样性(flexibility);(5)效率(efficiency);(6)公正(equity);(7)参与(participation);(8)个别化(personalisation);(9)质量(quality);(10)统合(unity)。[1]

第二份资料是联合国教科文组织教育研究所研究员拉温德拉库马尔·H.戴维就终身教育的计划化问题提出的8个具有关键性意义的概念。这8个概念的具体内容是:(1)全体性(totality);(2)统合(integration);(3)灵活性(flexibility);(4)民主化(democratisation);(5)机会和动机(opportunity and motivation);(6)教育的可能性(educability);(7)多样性的展开形态(operational modality);(8)为提高生活质量的学习(quality of life and learning)。[2]

我们在具体探讨上述两份资料提出的建议或原则时,不妨重申一次两个有关终身教育的基本原理,即一个国家或政府在着手制定宏观的终身教育计划时,必须首先明确两点:一是教育或学习并不限于人生的某一时期(学龄期),而是应

---

[1] W.Worth Commission. The Choice of Futures[M]//元木健,诸冈和房.生涯教育的构想和展开.东京:第一法规出版社,1984:224.

[2] R.H. Dave. Concept Characteristics of Lifelong Education,UIE Monographs 3[M]//元木健,诸冈和房.生涯教育的构想和展开.东京:第一法规出版社,1984:225.

从婴幼儿期开始,历经少年期、青年期、成人期、老年期,从而贯穿人的一生;二是个人成长与发展的各个时期可利用的教育机会并不限定于诸如学校的制度化机构,家庭、工作场所、社区以及宣传媒介等所有具有教育影响力的方面都应被予以充分考虑。

回顾两个基本原理后,我们可以看出,未来教育计划的10个原则和8个关键性概念,对践行以上两个基本原理均作出了比较全面和完整的思考。例如,就10个原则而言,它诞生于20世纪60年代提倡终身教育的社会背景——各种各样的社会变动,如工业化、城镇化、信息化、国际化、家庭核心化、老龄化等之下。加拿大阿伯特州教育审议会提出,各教育相关领域的提供者应互相协作,提供的学习形态应多样且有效率,目标应着眼于保障所有人的学习机会,教育计划应该由学习者参与制定并以保障个别学习的形式为基础进行设计,教育计划目标的制定应旨在提高每个人的生活质量以及为生活共同体的统合和形成作出应有贡献。戴维的8个关键性概念,其主要精神与10个原则基本相似,但更偏重"教育的可能性"和学习者自身的"意向与动机"等。若将两者加以比较,加拿大教育计划审议会的建议无疑更注重计划制定者的立场,因而较多地关注诸如"协作""效率"等方面;而戴维的建议大多从学习者的立场出发,要求多为学习者提供适合"自主学习形态"的学习机会。

终身教育(学习)过程计划的制定,无疑是实践终身教育理念极其重要的第一步,如何统筹兼顾计划者和学习者的立场是其中一个值得思考的问题。上述两份资料为我们解决这个问题提供了有益的参考。

(二)教育(学习)形态的课题

终身教育理念被提倡的另一个重要方面,是对长期以来为发达工业国家所推崇的那种对教育活动必须在学校内进行的观点的质疑和批判。奥地利学者、教育活动家伊里奇所著《去学校化社会》(Deschooling Society),被认为是这方面最具影响力的代表作之一。伊里奇认为,一方面,被发达工业国家制度化了的学校教育制度长期以来确实发挥了作用,如今却因现代社会的剧烈变化而出现不能适应社会需要的问题;另一方面,许多第三世界国家,尤其是第二次世界大战结束后从殖民地的桎梏中解放出来的众多仍处于发展中的贫穷国家,深受学校设施不足和教材、教师缺乏之苦,以至于多数儿童和成年人陷入文盲的困境。这些第三世界国家往往缺乏教育经费,要如同发达国家那样大规模地发展学校教育显然困难重重、力不从心。迫于这种社会现实,如何从教育(学习)形态上改变学校教育独占的统治地位,改变那种僵化、固化、制度化,在诸多方面失去多样性和灵活性特点的单一学校教育形式,开发和倡导一种新的教育或学习过程,应在终身教育理念被构想的同时被考虑。伊里奇设想的这种新的教育(学习)形态,就是已被当代社会广泛接受并已在实践中取得巨大成功的非正规教育(non-formal education)。① 需要指出的是,终身教育的构想并非全面排斥或否定学校教育的作用,相反,终身

---

① 非正规教育是相对正规教育而言的内容和对象更广泛的教育形态,一般指在学校范围以外的,为特定对象实施的形式多样且被组织和体系化的教育活动。

教育理念极力强调期待教育形态的变革,主张正规教育与非正规教育之间建立沟通、互补、共存的关系。

那么非正规教育究竟指怎样一种教育形态呢？对于这个问题,伊里奇在《去学校化社会》中已作具体讨论,而美国密歇根州立大学研究小组是最早开展此类研究活动的研究团体之一。

美国密歇根州立大学研究小组发表于1973年的"讨论纪要"表明,他们在非正规教育的研究领域已取得一系列富有成效的研究成果。例如,该研究小组在上述纪要中指出,非正规教育的特征主要表现为：以学习者为主体,以学习者的需要为前提,根据学习者原有实际状况,以合适的方法为其提供经过开发和选择的学习内容。根据上述分析,该研究小组对非正规教育作出的定义是,非正规教育大多是在传统学校以外的场合进行的一种有意识的、系统的教育活动。非正规教育发挥最大学习效果所需的用以维持体系的负担最小,其教学内容、媒体、时间分配、入学资格、指导教员、设备设施和其他构成该体系的要素,都将根据特定学习者或学习阶层的具体条件作相应选择。[①]

此外,美国密歇根州立大学研究小组还就各种类型、各种形式的非正规教育的共同特征作了一些具体的归纳和总结。概括而言,非正规教育的共同特征大致有如下诸项。

（1）在多种场合,往往不被看作"教育"。

（2）常常具有某种实践的使命,即具有一定的目的指向性。

（3）大多在学校以外的场合进行,如果某种经验被总结

---

① 元木健,诸冈和房.生涯教育的构想和展开[M].东京：第一法规出版社,1984：229.

出来,还可被共同利用。

(4)作为学习的结果,相对资格证书而言,知识的实际运用受到更多重视。

(5)大多不具有严密的组织形式,教学内容等较灵活。

(6)大都采用自发的形式。

(7)半天学习或半工半读的形式最普遍。

(8)教学过程较少设定学习阶段,不以系统化讲授为主。

(9)相对正规教育而言,所需经费较少。

(10)参与非正规教育的学习者通常不需要繁复的入学手续,凡希望继续学习的人,或者失去其他学习机会的人,一般都可自由参加。

(11)在选择指导者(教员)时,相对资格证书而言,更重视实际指导能力;一些热心教育事业的志愿者,在这一领域发挥出重要作用。

(12)非正规教育通常对组织形式、学习内容、学习方法,以及教育者和学习者,没有强制性的约束。

密歇根州立大学研究小组提出的"讨论纪要",其研究结论究竟正确与否,这里暂且不作讨论,但是作为终身教育理念提倡的对教育(学习)形态的改革,以及对未来教育(学习)形态课题的深入探究,这一成果无疑具有不可忽视的作用。

(三)教育(学习)目的的课题

前两章已就终身教育及其理念的诞生过程作了较系统的介绍,从中我们大致可以得出如下结论:在一系列国际组织中,除了联合国教科文组织发起倡导终身教育,还有许多其他机构对此予以热心而积极的推进。其中,尤为突出的有经济合作与发展组织、国际教育研究开发中心,以及由欧洲一些主要资本主义国家组成的欧洲评议会等。然而,耐人寻味的是,虽然它们在倡导终身教育理念方面有着完全一致的立场和意图,但在终身教育的目标方面,它们的观点并非完全相同。因此,在继续深入探讨终身教育目的论这一研究课题前,有必要首先对上述具有影响力的国际组织的主要观点作一番整理和分析。依据芬兰学者奥利司·阿兰恩(Aulis Alanen)的研究结果,可将上述国际组织围绕目的论和与此有关的若干问题展开的讨论及其基本立场归纳如下。①

1. 对目标设定基础的考虑

(1) 联合国教科文组织的观点:根据机会平等的原则,应以每个人的自我实现为终身教育的目标指向,应将这一目的论的研究纳入教育哲学的范围予以讨论。

(2) 经济合作与发展组织的观点:鉴于社会的发展必须依赖每个人能力的积极发挥,因此目标设定的基础应着重放在社会政策的制定方面。

(3) 欧洲评议会的观点:为保障所有人的教育权利,为使所有人的创造力得到充分发挥,建立具有丰富文化性能的地区社会(社区)尤为重要,因此目标设定的基础应着重放在文化政策方面。

2. 为未来教育负起责任的对象范围及目标关注视野的主张

(1) 联合国教科文组织的观点:作为加盟联合国的组织,

---

① 元木健,诸冈和房.生涯教育的构想和展开[M].东京:第一法规出版社,1984:231-235.

世界上几乎所有国家都应对整个世界,尤其是第三世界的教育发展问题负起责任。而其中,环境教育与和平教育尤应受到重视。

(2)经济合作与发展组织的观点:应以世界上主要发达资本主义国家(由欧洲各发达国家,以及美国、加拿大、日本等共25个国家构成)为主,以与通商产业问题有关的教育课题为目标关注的中心。

(3)欧洲评议会的观点:以欧洲资本主义国家(21个国家)涉及的地域教育问题为目标关心的焦点。

3. 对现今学校教育的看法

(1)联合国教科文组织的观点:应对学校教育进行质的变革,并开展学校教育与其他教育体系的统合。

(2)经济合作与发展组织的观点:在学校教育的内部,特别是对义务教育以后的教育制度进行根本性改造具有重要意义。

(3)欧洲评议会的观点:在改革学校教育时,应着重对课程进行改革,即改变那种由有关部门事先制定课程的方式,转而以学习者个人的具体意愿和解决社区问题为基础制定教育或学习课程。

4. 对成人教育发展的看法

(1)联合国教科文组织的观点:成人教育应在教育体系中占有一定位置。由于成人期是人生的一个重要阶段,因此必须考虑为其提供多样的学习机会,确保其能自由地选择和实现学习目标。

(2)经济合作与发展组织的观点:成人教育可纳入劳动

与学习交互进行并贯穿人的整个一生的回归教育构想体系；应肯定"自由学习"的价值，即对成人生产方面的活动具有有效作用。

(3) 欧洲评议会的观点：成人教育应在教育体系中发挥中心作用。由于人的整个成长过程都离不开创造性文化活动，因此，为了促进这种成长，建设具有文化气息的社区十分重要。

5. 对社会变革与教育之间关系的看法

(1) 联合国教科文组织的观点：由于社会结构的变革及价值体系的变化会同时促进教育的改革，因此未来教育应以开发人适应社会变化及制约这种变化的能力为中心目标。换言之，未来社会应是以人的发展为中心，并以人们的共同学习为主要目标的社会。

(2) 经济合作与发展组织的观点：在取得社会变动的"适应"与"解放"相平衡的同时，积极评价和肯定推动社会生产活动发挥有效功能并作出贡献的教育。

(3) 欧洲评议会的观点：分工造成的不平等，以及由此形成的优胜劣汰的社会规则，应随教育和民众运动的普及而有所改变，教育的变革应与政治变革同步进行。

综合阿兰恩的研究，我们大致可以了解国际社会对这一课题持有的主要观点和立场。例如，联合国教科文组织对终身教育目的论的见解较偏重从个人的权利的角度出发，强调的重点是提供平等的机会和个人的自我实现，并主张世界所有国家都应对未来教育的发展负起应有的责任。这些观点的提出，基本反映了联合国教科文组织的一贯立场，即重视作为人的基本权利，主张在宏观范围内研究终身教育的本质及其发展目标。这些观点着眼点高,视野范围广,其中一些还具有全球性的指导意义。与此相对应,经济合作与发展组织更关注具体政策,尤其关心与经济发展有关的教育问题。因此,该组织的基本立场是强调教育的生产性,其倡导的回归教育理论就是以此为基础的。经济合作与发展组织的机构性质是以全球的经济开发为宗旨,因此上述这些观点实际上也反映出该机构本身具有的立场。至于欧洲评议会的观点,确实有许多创新之处,如主张地方分权,创建具有文化气息的小社区,提倡教学课程的制定应根据学习者的自身需要等;缺点则在于,视野不够宽广,基本上以欧洲诸发达国家的现状为轴心,明显具有一定的局限性。

关于终身教育目的论的课题,现在仍处在研究与探讨之中。以上具有代表性和影响力的国际组织的观点,虽然见仁见智,但它们毕竟代表了世界的潮流,从各种角度提出的问题,也的确为进一步研究提供了有益的基础。

二、面对现代社会的课题

众所周知,现代终身教育涉及的范围不仅包括家庭教育、学校教育,还包括作为非正规教育而广泛展开的社会教育和成人教育。因此,探讨终身教育必然要讨论上述领域的各项课题。

(一) 与现代家庭有关的教育课题

家庭是人类生活的最小单位,也是最小的社会组织。在家庭中,人们为维持生活从事各种家事,为赡养老人和抚育孩子付出各种艰辛。随着社会的发展,现代家庭开始面临都市化、家庭核心化、高龄化、信息化、国际化等新情况,与家庭教育有关的研究领域也相应出现一系列新课题。有关国际机构的综合研究表明,现代家庭面临的重要课题大致反映在以下几个方面。

(1)由于大量生产和大量消费的现代社会结构支配着家庭生活,致使现代人对赖以生存的自然过分索取,对自然资源随意挥霍。

(2)现代工业的高速发展带来环境污染和食品污染。而药品的使用不慎也带来异常婴儿的出生。核设施建设导致的核试验与不当使用对环境造成极大污染。所有这些因素都为现代家庭的安全和人类的生存带来威胁。

(3)生活在大城市里的家庭,居住环境拥挤,致使儿童的成长很可能因缺乏与自然接触的机会和自由活动的空间而产生生理或心理上的障碍。

(4)随着城市化的发展,人与人之间交流的机会和时间日益减少,甚至父母与子女之间也往往因疲于应付工作或学业上的竞争而导致以往亲密、和睦、互助的家庭关系和传统美德趋于崩溃。

(5)生育率低下致使家庭核心化(以三口之家为主的家庭)的倾向日益加剧,独生子女日益增多。这种仅在相近年龄层内开展同伴交往的孩子极易产生人际关系和交往能力方面的发展障碍。

(6)少子女家庭对孩子的过分溺爱可能导致孩子丧失自立精神。

(7)在一些国家,外出参加工作的妇女日益增多,这对孩子的成长将会产生一定的影响。

（8）家庭的核心化致使年轻人接受上一辈教育、熏陶的机会日益减少。

（9）受唯学历风气的影响，原本宽松、无拘束的家庭环境对孩子而言也成为一个令人紧张和受束缚的场所。

（10）现代生活的优越使孩子参与劳动的机会日益减少，在"做中去学"的体验几乎丧失殆尽。

（11）现代社会的商品经济使一些年轻父母的人生观、价值观发生畸变，直接影响孩子人生观的形成。

以上罗列的仅是现代家庭随着时代与社会的变化而产生或面临的一些具有代表性的课题。家庭是社会的本源，孩子的家庭教育是终身教育的始初。从这个意义上看，充分重视家庭教育在培育下一代和推动社会前进方面具有的作用与功能，无疑是朝向终身教育的全面实施迈出的极其重要的一步。

（二）与学校教育有关的课题

就现代社会而言，学校教育面临的新课题大致有如下几项。

（1）随着新技术革命和科学事业的不断发展，知识与技术的更新速度日益加快，学校教育的课程如何在及时吸收这些新的科学技术成果的同时，继续重视基础知识，加强对基本能力的培养，将成为一个焦点。

（2）都市化、工业化的进程使学校学生失去与自然接触的机会，为改变这种状况，政府与地方自治体应支持学校设置"少年自然之家"，鼓励学生野营。然而，面对繁重的课业和激烈的学习竞争，教师与家长对此重视与否，将决定这类关系学生身心健康的活动能否顺利开展。

（3）学习活动是促使个人成长的必要手段，如何将艰苦的学习化为每一个学生内在的需求和愉快的愿望是学校的一大课题。

（4）就教育过程而言，并不是单纯地让学生记忆知识，因此，如何教会学生掌握更有效的学习方法，即进行"学习方法的学习"，应是学校教学改革的一大课题。

（5）在学习过程中，不能仅仅将学习活动看作自己个人的事，而应将它看作能为他人成长作贡献的事。换言之，在学生之间培养互帮互学、互为对方学业的成功喜悦的风气，也应成为学校教育的一大任务。

（6）教学并不是单纯传授抽象的知识，如何将具有实践意义的具体经验归纳上升为理论知识，使学生的学习活动更具感性体验，也是学校教育的一大改革课题。

（7）在现代商品经济社会中，以自我为中心的利己主义滋生，如何抵制这种恶习，从小培养年青一代关心他人、同情他人的品格，也应是学校的重要任务之一。

（8）现代世界应是一个倡导人类和平与提倡人类共生的世界，所以，倡导和平、和睦的生活方式，同样应作为学校教育的一大内容与任务，并力求使其深深植根于每一个学生和年青一代的心灵。

（三）与成人教育有关的课题

成人教育的学习形式通常与孩子的学习形式具有根本的不同，这是因为成人在家庭、社会和工作场所扮演着不同的角色并承担着一定的社会职责。成人不可能像孩子那样拥有整块的学习时间,因此更多采用半工半读的形式,并较多地利用非正规的教育形态。那么,在终身教育日益普及和发展的今天,成人教育又面临哪些新的课题呢?下列问题似乎值得我们思考。

(1)成人由于担负多种社会责任,因此在特定的教育机构进行集中的学习会遇到时间和条件上的困难,所以,成人往往会根据自身的实际生活与工作状况,采取适合自己的学习方法,其中以自学的方式较为常见。鉴于此,为了帮助成人通过自学提高自身文化水平,由社会和专门的教育机构,以及相关教育媒体为这些成人学习者提供适合自学的教材、辅导机会和相应的评价方法(资格证书等),是鼓励成人学习的有效手段之一。

(2)为使成人的自学活动能健全而广泛的开展,全社会和各级地方教育行政部门除应予以重视并尽可能创造各种条件外,还应为众多的潜在学习者提供教育信息,设置学习咨询机构,这也极为重要。

(3)西方发达国家为保证已就职的成人能有机会继续学习,已相继制定带薪教育休假制度和托儿保育制度等。前者旨在解除劳动的束缚,让奋战在生产第一线的成年人有专门的时间进行学习;后者则设法将已婚妇女从育儿的繁忙中解放出来,为她们的学习活动创造一定的条件。这些措施极其重要,因为成人学习的先决条件之一,就是要保证他们的学习时间和排除可能对学习造成困难的障碍。这需要全社会共同努力,有时甚至需要政府行政力量的介入。

(4)成人教育重视对多媒体的充分利用。教育电视节目的制作、广播与通讯(函授)教育的综合利用、开放大学的广泛设立等,都是值得重视的必要手段。

(5)参与成人学习的个人,涉及面极其广泛,为满足不同对象的学习需要,提供教育机会的机构、组织也必须多元。以中国的"社会力量办学"为例,其举办者包括"具有法人资格的国家企事业组织、民主党派、人民团体、集体经济组织、社会团体、学术团体,以及经国家批准的私人办学者"七类。[①] 因此,如何在不同供给方之间建立调整、管理、监督性的综合机构,确保提供的教育机会或学习课程高效且不重复,也是值得引起重视的课题。

(6)对于交通落后、经济贫困地区,国家或地区政府应通过财政拨款等方式,帮助提供多样化的成人教育机会。

成人教育作为工业革命的产物,已在现代社会中发挥出越来越重要的作用,甚至在终身教育理念的指导下,已成为许多国家国民教育体系的重要组成部分。

---

① 国家教育委员会.关于社会力量办学的若干暂行规定[EB/OL].(1987-07-08)[2020-05-02].http://www.law-lib.com/law/law_view.asp?id=4405.

下篇

世界各国终身教育的实践和发展动向

第四章

日本终身教育的实践和展开

日本是一个热衷推行终身学习政策的国家,在那里,终身教育作为一项经常性的日常工作,在各地有条不紊地开展。

第一节 日本终身教育理念的导入和展开

一、概况

日本可谓是最早也最热衷于推进和实行终身教育政策的国家之一。早在1965年联合国教科文组织主持召开第三届成人教育国际促进会议期间,日本政府即派遣了原东京御茶水女子大学校长波多野完治参加会议。会后,波多野完治向日本各界人士广泛传达、宣传终身教育思想,并组织有关人员翻译出版联合国教科文组织有关终身教育的文件、专著和资料。1967年,联合国教科文组织日本国内委员会首次以《社会教育的新动向》为题,正式出版由波多野完治翻译的1965年会议期间由朗格朗起草的"提案书"。波多野完治对此书的每一个章节都作了详细的解说。此书出版后立即在社会上引起广泛反响,掀起终身教育研究和学习的热潮。据1975年的统计,当时仅日本翻译、出版和发表的各类有关终身教育的文献、图书、评论等就达1 000种以上。[①] 截至1999年,估计至少达1975年的三倍以上。日本对终身教育的推广并不局限在民间,政府有关部门始终积极参与,并制定了一系列政策。例如,文部省社会教育局1978年2月整理的一份资料中,论

---

① 中村纪久二,原田种雄.终身教育的图书、文献目录及解题[M].1976.

及政府各有关审议会对终身教育的答申意见、建议和报告书等就有41篇,而各省厅有关终身教育的调查报告也多达40篇。其中更令人惊奇的是,这81份重要材料的来源,并非全部都是文部省,而是汇集了日本政府的经济企划厅、劳动省、通商产业省(现经济产业省)、农林水产省、厚生省(现与劳动省合并为厚生劳动省)、自治省,甚至总理府等主要行政决策部门的研究报告,着实给人留下"全国总动员"的印象。再从这些答申意见、调查报告涉及的领域看,社会教育、学校教育、体育、文化、学校外青少年教育、家庭教育、职业训练、企业人教育(在职教育)、放送教育、国民生活、余暇问题、妇女问题、老人问题、福利问题、社区问题等社会层面几乎都有触及。而文件中使用的专门术语,如终身教育、终身学习、学习社会、回归教育、终身教育训练、终身体育、职业生涯等,几乎样样齐全。

在中央政府的重视和积极推动下,日本地方的行政当局也纷纷响应。据1973年文部大臣官房企划室的统计,当时正在编制长期教育计划的14个都道府县中,有8个县已将终身教育纳入计划之中,另有5个县将终身教育包含在社会教育的领域内予以积极推行。现在,终身教育已成为日本的一项基本国策,而终身教育思想也已深深植根于日本社会各界和国民心中。尤其值得一提的是,1990年6月29日,日本颁布推进终身教育的专项法律(《生涯学习振兴法》)。此后,推行终身教育成为日本社会一项具有法律义务的活动,而终身教育作为一项经常性的日常工作,也开始在日本各地有条不紊地持续开展起来。

二、展开过程

综观日本终身教育展开的历史可以发现，其基本上是沿着官、民、学(学术界)三者紧密联系并互相结合的路径展开的。

日本的终身教育首先在民间以多种多样的形式展开；形成一定基础后，政府有关职能部门介入其中，深入基层展开调查研究(实际上，民间各实践成果通常也以其他形式被不断总结和宣传，其反馈途径主要是学术界的刊物和学者的研究报告)，调查的结果则最终以报告的形式上报中央。中央政府有关职能部门在汇总各方意见和实践成果报告后，再由教育的决策机构(文部省)，必要时甚至由内阁总理大臣亲自出面成立各种形式的教育审议会,[①] 如社会教育审议会、临时教育审议会、中央教育审议会、生涯学习审议会等，对教育尤其是终身教育面临的各项重要课题进行答辩和审议。审议的结果最终以答申报告的形式公布。由于答申报告的内容通常会在日后形成政府的文教方针或政策，因而其结果极受社会各界重视和注目。

1971—1999年，日本政府共主持召开五次教育审议会，几乎每次审议会的内容都涉及终身教育。例如，1971年4月召开的社会教育审议会，首次以"处在社会构造急剧变化之中的社会教育应具有的模式"为题，开门见山地指出，"为了最大限度地开发每个国民的个性和能力，学习的终身化极其重要，终身教育观念的导入也极为必要"。这次审议会后，终身教育

---

① 教育审议会由委员和专门委员组成。正式委员由社会各界知名人士担任，如大学教授、艺术家、作家、劳动同盟会长、小学校长、地方政府官员等，专门委员则大多为教育界、学术界的专业人士。

作为社会教育的扩充,其功能和地位得到正式确立。1981年6月召开的中央教育审议会,直接讨论终身教育问题。该审议会围绕终身教育的意义、实施终身教育的可能性和面临的课题、终身教育与成人期教育的关系、终身教育与社会教育的关系、终身教育与勤劳者教育的关系、终身教育与高龄期教育的关系六大方面展开广泛而深入的研究。同样,该审议会结束后,进一步推广终身教育也随即被日本政府确定为全国文教政策的中心任务。该审议会的答申报告公布后,终身教育具有的"国家性战略意义"开始被越来越多的国民理解和认识。1984年8月至1987年8月三年间,由首相中曾根康弘率领的内阁,更是直接以召集临时教育审议会的形式,围绕"改革""发展""充实""创造"等主题,就21世纪日本教育的基本模式、教育改革的基本方向、终身学习体制的建立等一系列重大教育课题,前后进行四次讨论。该审议会闭幕后,根据总理内阁会议精神,日本政府于1987年10月6日公布将此次临时教育审议会答申结果予以具体化的决定——颁布《教育改革推进大纲》。《教育改革推进大纲》共列出8项重大改革措施,处于首位的即"关于终身学习体制的整备"。[①] 此次审议会的另一项引人注目的重要成果即《生涯学习振兴法》。该法以临时教育审议会倡导的教育改革构想为直接契机,是经参众两院(国会)最终审议通过的日本第一部终身教育专门法律,于1990年7月1日正式施行。虽然日本国内的学术界人士,尤其是教育界的一些专家、学者仍对临时教育审议会在审议

---

① 在日本,"终身学习"在大部分的情况下与"终身教育"作同义解。

过程中发出的一些论调,以及该法的有关条款和内容持批判态度,但不可否认的是,临时教育审议会强调日本应全面确立终身教育体制,强调应以终身教育的基本理念为基础,建立以终身教育为中心的国民教育体系的框架和结构,依然具有某种积极意义。

第二节 日本终身教育的实践与发展现状

一、日本终身学习审议会答申报告简述

1996年4月24日,日本文部省公布《关于充实地域终身学习机会方策的答申报告》。[①] 1995年5月15日,由社会各界知名人士组成的终身学习审议会,接受了文部大臣提出的就《地域中诸(教育)设施的终身学习功能给予充实的方策》和《学习成果的活用方策》等进行审议的要求。审议委员在整理和汇总各论点的基础上,历时11个月,归纳提出了这份答申报告。这份报告总结了当时日本国内历年来开展终身教育活动的经验,并在此基础上提出一系列有关实施终身教育的新观点、新建议以及新措施和方法,因而具有相当大的参考价值。与此同时,由于该报告的内容基本代表了当时日本政府和教育最高行政当局(文部省)的最新思路,因此其具有的权威性显而易见。下文将围绕此报告的要点略作介绍和评述。

从某种程度上说,此次终身学习审议会的内容基本上是1992年7月前次审议会提出的《对应今后的社会动向振兴终

---

① 地域指地区、社区。方策指方针、政策。答申指咨询。

身学习之对策》答申的继续。1992年的答申已就建立一个"人人都应在各自人生的任何阶段自由选择学习机会"的"终身学习社会"问题达成共识,并为此提出四个必须予以重视的课题:(1)对以社会人为对象的回归教育予以推进;(2)对志愿学习活动予以支持和促进;(3)对青少年校外活动予以充实;(4)对作为现代社会课题的学习机会予以扩充。因此,此次审议会在召开之初,首先回顾和总结了上次会议以来,中央和地方政府为积极推进终身教育已采取的一系列政策的成败得失,再以此为基础确定本次审议会的议题。按照当时日本对国内教育机构或设施的分类,此次审议会着重围绕以下四个方面展开讨论:(1)高等教育;(2)小学、初中和高中;(3)社会教育、文化和体育设施;(4)终身教育的研究和研修设施。

(一)面向社会开放的高等教育机构

在日本,高等教育机构包括大学、短期大学和高等专门学校等。1996年的终身教育审议会首先对它们在终身教育推广方面已经发挥的重要作用予以充分肯定,同时继续寄予希望。审议会认为,今后为了自身精神生活和职业生活的需要与充实,已走上社会却仍渴望通过学习获取新知识、新技术的人将大幅增加。因此,高等教育机构必须向社会敞开大门,否则真正意义上的终身学习就只能是一纸空谈。为了实现这一目标,可采取的措施之一即广泛吸收在职成人进入高等教育机构学习。审议会提出,招收社会人不应限制年龄,只要有积极的学习愿望就应招收。

对于高等教育的改革,日本文部省曾专门召开大学审议会。由于政府的积极倡导,有关社会人入学的"善策"以及各种措施相继被提出和采用,社会人被大学录取不仅成为可能,而且人数逐年增加。然而,审议会认为观念和意识的转变更重要,而这方面的情况仍不够理想。其次,社会人入学引发的教材编写,教学计划、课程内容的重新编制,选修形式的多样化等关涉的成人教育、成人心理方面的课题也有待研究和解决。除了吸收社会人入学,审议会还指出,高等教育机构还有一项重要任务——为地区培养年轻人和为地区一般居民提供广泛的终身学习场所,即"为促进地区的社会进步作贡献"。为加快实现以上两个目标,审议会对全国高等教育机构提出了两项具体要求。

1. 促进接受社会人入学的方针

(1) 提倡教学内容的多样化和选修形式的弹性化。

(2) 推进"社会人特别选拔制度"的实行(通过小论文或面试)。

(3) 设立并扩充夜间大学院(研究生院)。

(4) 实行科目履修生制度(非正规学生,旁听大学正规课程,可承认其学分,学分可累积)。

(5) 加强与企业的联系,实行委托培养和研修生制度(企业派技术骨干入大学短期研修)。

(6) 充实和改善通讯教育(编写合适的教材,建立卫星教育通讯网,对函授生采用弹性学分制)。

(7) 实施放送(电视)大学的全国联网化(各校教材的互换、学分互换、情报互换等)。

(8) 积极扩充公开讲座(公开讲座已在日本几乎所有大

学流行,听众每年达77万人。但存在的问题是,讲座的内容常与地区居民的实际需求不符,因此,充实内容,强调新颖性和普及性乃是这次审议会的重点要求)。

(9)公开讲座学分的认定(为吸引更多人参加高等教育机构开设的公开讲座,激发听众的学习欲望,可考虑给听众学分,学分可累积也可互换)。

(10)短期集中讲座的推广(除正规讲座外,多设置以传授新科学知识为主的集中型短期教育讲座。这种讲座可以持续几天,也可以持续几周;可在校内开设,也可深入企业。讲座的内容和计划必须事先征求听众的意见或与他们协商)。

(11)校内组织体制的整顿(为适应社会人学生的增加,必须对学校传统的规章制度加以修正)。

(12)终身教育中心的建立(为在校内推进终身教育体制,一些公立大学和私立大学已设立名为"终身教育中心"的组织,专门从事终身教育调查研究,公开讲座的策划、管理、评估、校内学习情报的收集,以及在校内推行终身学习活动。审议会提议,对于类似的机构,应推广和加强)。

(13)教员业绩评价标准的改善(日本各大学均有对教员业绩进行评价的制度。审议会提议评价标准中应加入促进终身教育推广的内容)。

(14)对社会人学生给予帮助(社会人学生因需要兼顾工作和学习,身负时间、经济、职业几层重压,负担较重。为改善他们的处境,审议会提出应制定具体措施予以帮助)。

(15)教育休假制度的引入(世界上已有不少国家实行带薪教育休假制度,但日本是为数不多几个没有实行的发达国家之一。审议会提议企业应考虑实行带薪教育休假制度,如先采取弹性工作制保证在职学生安心学习)。

2. 为地区社会多作贡献

针对高等教育机构多为地区社会作贡献的问题,审议会主要提出两个方面的建议:一是大学内的设施(教室、图书馆、资料馆、体育馆等)向社会开放;二是为使大学等高等教育机构对地区的贡献更切合实际,适当接受来自社会的援助也完全必要,如可以是接受企业优秀研究者、技术人员到大学兼课,也可以是接受企业为大学提供的先进仪器或设备,甚至可以是接受民间财团为大学内学习优秀但经济困难的学生提供奖学金,等等。

(二)植根于社区的小学、初中和高中

该次审议的第二部分是关于小学、初中和高中的答申意见。在报告的这一部分,审议会首先指出,少年儿童的生活并不仅仅局限于学校,家庭和社区中的生活也是影响其成长的重要部分。儿童是通过各种各样的生活来学习并成长的。因此,要使他们的人生充实、健康,知、德、体的平衡显得尤为重要。尤其是在现代,儿童的社会价值观随环境的变化而变化。各种社会媒体,如电视、电台的节目,对他们的影响都很大。因此,现代学校绝不可能撇开社会进行"单独教育"。学校教育若要有效促进儿童成长,学校一定要与家庭和社区密切联系,共同努力,舍此将别无更好的办法。现在,日本境内所有学校都已实行双休制,审议会认为,这是使学校更深入地植根于社区,让学生有更多时间和精力了解与认识社会的一种有效措施。就此课题,此次终身学习审议会提出如下诸项具体措施。

1. 利用社区教育力量

（1）充分利用社区人才，积极开展教育活动。社区中有很多具有各种职业技能、经验，水平高、能力强的人，充分利用这些人才资源，邀请他们进入学校参与教育活动，无疑是提高学校教育质量，推动学校发展的有力措施。审议会认为，除了人才资源，社区拥有的文化、体育设施，社区的文化财产，如博物馆、展览会等，甚至社区的自然环境——森林、河川、海滨等，都要予以"活用"。

（2）活用"非常勤教师"制度。自1988年起，根据修正的教职员资格许可证，一般社会人通过登录，可在学校中担任非正式教师。这一制度确立后，一些在特定领域内具有特殊才能的人，尽管没有教师执教资格证书，但经过都道府县教育委员会的审批许可，也被请进学校。据1994年的统计，在全日本高等中学中，这类"非常勤教师"已达2 328人。审议会认为，这一制度应在中小学中进一步推广，各校也应积极响应，设法在地区挖掘人才。

（3）活用校外专家（辅导员）。学校在开展校外活动和组织兴趣小组活动时，可聘请校外专家进行辅导。审议会要求地区教育委员会积极做好两者间的牵线搭桥工作。

（4）活用社会教育设施。日本的社会教育设施主要有公民馆、博物馆、图书馆，以及一些社会教育活动中心，如青少年自然之家等。审议会主张，学校应积极寻求这些设施的专门管理人员对学校教育予以支持与配合，学校的一部分课程，如社会科、理科、美术科等，甚至可以考虑放在这些设施内进行。

这样做的好处在于,可让学生通过各种生活体验和活动体验培养求知欲与思考能力。

2.学校应为社区作贡献

学校在充分利用社区教育力量的同时,也具有为社区作贡献的义务。关于这方面,审议会提出如下具体建议。

(1)为社区居民提供学习场所。中小学校的校舍、教室和设备等,在可能的情况下应充分发挥其作用,并积极向社会开放。开放时间可以是周末,也可以是夜间。

(2)充实公开讲座。公开讲座除了由大学承担,中小学甚至幼儿园也可根据社区的实际需要,举办一些诸如儿童心理、幼儿教育和心理咨询类的讲座,其内容会受到社区居民,尤其是家长的欢迎。

(3)为受灾时充作临时避难所作准备。突发性灾难导致大规模灾民无家可归时,学校的坚固建筑可暂时充作临时避难所。为此,今后在建设新校和改造旧校时,一定要考虑建筑的耐火、防震和坚固,并要修建贮水槽和备用仓库等,防患于未然。

(三)充分满足社区居民的需要,积极推动社会教育、文化和体育设施的建设

社会教育设施,如公民馆、图书馆、博物馆、美术馆和终身学习中心等,历来是日本全国各地社区开展终身教育、终身学习的重要场所。近期出现的文化会馆、音乐馆、体育训练中心等文化体育设施,以及由民间经营的文化中心(不以营利为目的,但收取一定费用,是日本政府借用民间力量发展文化教育事业的一项措施)等,更是发挥了巨大作用。因此,审议会在

论及这部分内容时指出,社会教育设施的基本作用就是满足社区居民的需要。为做到这一点,积极提供学习机会是一个方面,而另一方面要对现代社会产生的各种课题进行研究,如地球环境的保护、国际关系的维护、高龄社会的应对,等等。审议会还特别强调,为满足社区居民的学习需要,只着眼于教育活动内容的充实还远远不够,新的着眼点应放在建立一个能随社会发展的需要同步前进的有活力的组织,而且这一组织的管理人员应具有敏锐的视角,能经常提出崭新的构想,从而保持社会教育设施的活动内容常新,组织运转灵活有力。对应"面向多样化、高度化学习的需要"和"组织运营的活性化"这两个目标,审议会还特别提出下列具体措施。

1. 应对多样化、高度化学习需求的措施

(1) 提供多样的、综合的学习机会。审议会认为,人们对终身学习的需求,首先与自己周围的生活环境密切相关。因此,设立单一、孤立的设施远不能满足人们对学习的各个层面的要求。审议会建议,今后应重视充分利用与开发社区的文化遗产(如历史遗迹、古代寺庙等)、产业设施(如俱乐部等)和各种学习资源,从整体上营造一个好的学习环境和氛围。

(2) 整顿综合学习计划。要实现以上目标,首先要制定好社区学习设施建设的计划。都道府县行政当局可以《生涯学习振兴法》为基准,积极提出具体有效的构想。

(3) 各社区的设施间应构建互相协作、互相促进的网络。为使社区终身学习机能得到综合发挥,社区与社区之间应建立联网的协作机制,这样既可使相关设施间的联系加强,又可实现互相促进与共同提高。

（4）强化教育行政体制。要推动基层终身学习的发展，上层教育行政部门——教育委员会及下属各行政部门，从学习者的立场出发，加强各行政部门之间的联系、协调和配合非常必要。教育委员会在这方面应发挥龙头作用。从教育委员会开展的教育活动内容看，它偏重市民的生活趣味、文化和教养方面，因此，应适当补充职业知识、职业技能、市民意识等方面的学习内容。

（5）加强政府设立的学习机构与民间学习团体间的联系。为满足人们多样化的学习需求，应设法提供多样化的学习机会。然而，仅靠政府设立的教育机构显然不够，因此有必要加强与民间教育事业者（团体）的联合。1995年9月，文部省曾发出通知，允许民间教育事业者（团体）利用公民馆的设施在《社会教育法》规定的范围内开展活动。

（6）强化协调机能。为了在各类教育设施之间建立广泛而有效的联系，审议会认为，有必要设立一个核心机构。这一机构可由某地区的终身学习中心承办，其主要任务是协调各有关设施的机能。为培养这方面的专业人才，审议会还建议，应扩充国立教育会馆的社会教育研修所，主要由其承担今后的培养任务。

（7）促进学校教育与社会教育的互补。多年来，日本一贯提倡学校教育与社会教育在发挥各自作用的基础上，做到互相协作，互相补充。但实际上，截至1999年，学校教育与社会教育远未达到上述要求。正是基于这一事实，审议会提出，可考虑将学校教育与社会教育相重合的部分结合起来，如学校的一些活动可放在社会教育设施内进行，而社会教育的开展也可利用学校开发的教材和教学计划等。

（8）社会教育配合学校实行每周5天授课制。日本从1992年开始实行每周5天授课制。这对学生接触社会，丰富生活体验，健康成长，无疑有很大的帮助。由于学生接触社会的机会和时间增加，因此社会教育有必要承担起学生在课外的教育任务。审议会提议，公民馆、图书馆、博物馆应在周六、周日向学生免费开放。此外，还可组织读书会、科学讲座等活动，提高学生的素质。

2. 提高组织灵活性的措施

教育设施的功能能否充分发挥，常常取决于组织管理的水平，其中又以人的培养（专职管理人员）和管理手段的改善最为重要。

（1）专职管理人员的培养。各种设施的管理人员，一定要由优秀人才担任，可通过在职研修培养专职管理人员。

（2）从学习者的立场出发对教育设施进行管理。终身学习的主要目标是保证和促使每个人能自发开展学习活动，因此，设施的运转不能以管理者的意志为转移，而要从学习者的角度进行考虑，展开各种活动。

（3）地区居民参与教育设施的计划制定。

（4）保障经费。除《社会教育法》规定的公民馆的经费由市町村负责外，还可争取财团和民间的捐助。政府设置的设施以往大多对社区居民免费开放，但审议会认为，今后除应继续对少年儿童免费外，对于其他相关教育活动，可适当收取费用。不过，收费标准的制定应慎重，推行前须认真探讨并报上级审批。

(四)为终身学习的推广作贡献的各种(内部)研究、研修设施的开放

为使终身教育、终身学习活动更广泛、有效的开展,一系列已经设立或正在设立的,政府有关部局、省厅、企业下属的内部研究、研修设施,如何为终身学习积极提供研究、研修机会或学习场所,也是一个十分重要的方面。对此,审议会又提出以下具体建议。

(1)内部研究、研修设施对外开放。各部局、省厅下属的各类教育研修设施应逐步面向公众开放。在日本,各种行政机构、相关企业均有自己的教育机构和设施。以企业为例,松下电器公司便拥有多所培训中心、研修中心等。这类设施往往条件精良,设备先进,人才济济,但一般只为本单位服务,不对外开放。审议会要求开放的内容大致包括:公开设施的资料;定期举办参观会、说明会;展示和发布设施从事的专业研究的各种开发性资料等。

(2)举办对外公开讲座。内部研究、研修设施从事的多为专业性十分强的研究工作,其中的专业研究人员应定期通过公开讲座的形式,简要向社区居民介绍或展示该研究设施取得的研究成果。专业研究人员还可应聘担任社区公共团体的教育顾问或讲师,帮助社区积极开展终身学习活动。

(3)加强与社区的协作。内部研究、研修设施向社区开放,积极参与社区教育活动,对社区居民的终身学习而言,无疑是一股强大的推动力量。然而,这类设施与社区居民的直接接触很少,因此设法建立一条与社区协作的纽带十分必要。这条纽带可以是地区社会教育的设施,如公民馆、终身学习中

心等建立的由计算机控制的联网系统。通过这一系统,社区居民可借助公民馆等社会教育设施的计算机网络了解各内部研究设施的信息,而内部研究设施也可凭借此网络为社区居民提供信息。

(4)内部研究设施中的实验设备对外开放,派遣兼职教师和指导者支援社区。审议会要求内部研究设施在条件允许的情况下,能适当将内部设备提供给社会作实验和实习之用,同时,研究设施内部的高级研究员也可兼职担任社区的讲师或指导员等。

二、日本开展终身教育的主要特征和问题

(一)日本开展终身教育的主要特征

从理论与实践两方面看,日本开展终身教育的主要特征大致反映在三个方面。

(1)政府态度明确,民间热情高涨,学术界积极予以支持,三者齐心协力,共同推动。在终身教育的开展方面,无论是理念的导入、政策的制定,还是实践活动的开展,日本政府始终给予极大的重视与支持。由日本政府一些主要部门主持的各类教育审议会,无论其内容指涉何种教育领域,其审议的基调、论点的中心和目标均以终身教育为基础。更值得一提的是,在政府重视的同时,民间对终身教育的热情始终不减。从某种程度来说,日本国民对推广终身教育理念和建立新教育体系的积极性甚至超过政府。其原因在于,在物质需求得到满足后,日本国民进一步追求的目标转向自身文化素养和精神生活方面的满足。尤其是处在高度发展的社会中,知识

与技术的更新速度加快,使国民需要一种更加完善健全的教育体系来保障自身对社会发展的适应。此外,终身教育是一种理论性很强、涉及面很广的社会活动,要正确把握其思想精髓,实践终身教育倡导者提出的各项基本原则,不先在理论上作深入的研究与引导,政府就不可能作出正确的决策,民间的普及也不可能得到下沉。而这一重要任务恰由一贯以标榜学术自由、反映民意著称的日本社会教育学界的理论工作者(包括大学教授、专家、学者等)承担。从近几十年来出版的几千种有关终身教育的文献与专著,以及政府审议会主要成员的构成比例中,都可看出日本学术界对这一领域的积极参与及其作出的巨大贡献。当然,政府作出的各项决定和颁布的各项措施,有时并不一定都符合民意,有些决策甚至与终身教育的基本思想相违背。对此,日本的学术界还扮演着咨询、质问甚至批判的角色(这些刺耳的"反论"有时在某种程度上具有帮助政府修正某些政策上的谬误和及时了解民意等不可低估的作用)。总之,政府、民间、学术界三者的有机结合与齐心协力,为终身教育在日本广泛而深入的开展提供了保障。

(2) 以学习社会的实现为主要目标,建立终身教育体系。日本是世界上较早以实现学习社会为主要目标,在国民教育体系中确立终身教育框架体制的国家之一。其主要特征是,以终身教育为主线,以最终建立"人人都能既自觉又自然地开展学习活动"的终身学习社会为主要目标,在组织行政结构上建立终身教育体系。其具体设想是,首先以终身教育的理念将分散于不同部门,由政府各省厅、部局分管的各类教育活动统合起来,然后再尝试在分工负责的基础上互相协调、渗透,最终实现各类教育的一体化。例如,由文部省主管的学校教育(国立、公立、私立的大中小学)、放送教育(公立放送大学、民间私立大学、短期大学的学校通信教育)、社会教育(公立公民馆、图书馆、博物馆,私立民间文化产业),由厚生省主管的保健教育(公立保健所),由劳动省主管的企业内教育(其实施机构是民间的企业训练认定机构)、公立性质的职业训练(职业训练学校)、劳动者教育(民间或公立的劳动大学、勤学者教育协会等),由农林水产省主管的农业指导、生活改善教育(公立农业改良普及所)等,均在终身教育政策的框架体制下统合起来,从而在纵向和横向两个方面实现体系化。

(3)终身教育的制度化、法制化。日本开展终身教育的另一个重要特征是制度和法制的建立。制度化的标志是1988年文部省进行机构改革,新设终身学习局,撤销原社会教育局,在终身学习局下改设社会教育课。这一举措理顺了社会教育与终身教育的关系,并在行政体制上确立终身教育的主导地位。法制化则体现为《生涯学习振兴法》的出台(颁布于1990年6月29日,同年7月1日开始施行)。在世界发达国家中,以终身教育为名制定法律的国家并不多,该法的出台为日本开展和推广终身教育的各项活动提供了法律依据,也是终身教育在日本能取得有效成果的根本所在。

(二)日本开展终身教育的未来课题及问题

尽管日本在终身教育的推进与实践方面富有成效,但要真正实现终身教育理念提出的全部目标并非易事。目前,还没有任何一个国家能十分肯定地说自己实现了这一目标,只能说正在尽最大的努力,尝试各种可能的方法逐步接近这个目标。因此,就日本而言,其在终身教育的实施方面仍存在一些问题,具有需要解决的课题。归纳起来,日本开展终身教育存在的问题大致反映在以下三个方面。

(1) 抽象的理论多,可行的计划少。日本在终身教育的研究与推行中,着重阐述从学校教育转向终身教育或终身学习的"必要性""重要性"等抽象理论,而轻论述以终身教育思想指导学校制度、教育计划、教育行政、社会经济等方面改革的具体措施或提案。其原因在于,终身教育理论本身具有抽象性,以及官方审议会答申中提出的具体的政策化提案被人为抽象化。

(2) 综合性实施计划欠缺。从已经提出的各种政策性建议和措施看,由高度的、全面的、综合化的视角入手,宏观考察终身教育这一点已经做到。但问题仍体现在抽象性的口号式提议过多,具体实在的、行之有效的方案较少。即使是在1996年的终身教育审议会答申中,强调的也是各部门间的功能分担、互相协作,而对统合性教育体系的构想,特别是不同领域教育活动如何实现有机和必要的统一,缺少有说服力的整体性计划。

(3) 以生命周期理论为依据的终身教育论的缺陷。在日本,有关终身教育的各种学术观点虽林林总总,但纵观其终身教育论的主流,仍始终突出强调以人的生命周期理论为依据,针对人在不同年龄阶段的特殊学习要求,在教育机会的提供方面给予保障的终身教育理论(这与日本社会教育界一贯坚持和强调的"国民的学习权""作为权利的社会教育"等基本论点有某些相似之处)。这种理论提倡将人生分为学校教育期、就职期、进修期、妇女育儿期、长期休假期、转职换岗期、退休期或再就职期等,终身教育就是针对人生不同时期的需要,提供和保障相应的学习机会。这种构想固然有其合理之处,但也有不少学者对它提出了批评。现代社会千变万化,个人的生活方式也千差万别,以生命周期理论为依据来解释终身教育的功能,难免使终身教育陷入划一性和强制性的危险之中。

对于日本终身教育存在的问题,相关各方提出的批评性意见还有很多。例如,日本终身教育非常强调满足个人的需要,而实际上,终身教育的意义并不单纯表现为个人欲求的满足,国家和社会的需要,甚至全人类共同面临的危机处理、公共政策、人类解放等都是终身教育必须面对的问题。又如,日本终身教育在强调结构、组织、制度的同时,往往会忽视学习内容、教育方法等方面的问题。需要指出的是,尽管许多专家学者对日本的终身教育提出了尖锐的批评,但他们并非从根本上否定日本多年来在终身教育的推广与实施方面取得的累累成果,相反,他们希望日本这个经济教育大国,能在终身教育的推广方面取得进一步的发展,为世界作出表率和贡献。

第五章 美国终身教育的结构和现状

美国作为世界上最早发起并积极推行教育或学习终身化的国家之一,不仅广泛运用「终身学习」「学习社会」等术语,其实践也十分富有成效。

第一节　美国终身教育发展的社会条件

一、概况

美国作为世界上最早发起并积极推行教育或学习终身化的国家之一,不仅"终身学习""学习社会"等术语被广泛运用,其实践也富有成效。尤其是 1976 年《终身学习法》(Lifelong Learning Act,又称《蒙代尔法》)的制定和颁布,标志着美国联邦政府对学习终身化政策的高度重视和大力推进的决心。

为什么美国政府如此重视终身教育? 为什么美国的普通民众对学习终身化的推进也表现出极大的热情,积极响应? 这与美国社会独特的发展条件和历史背景有关。概括起来,大致又有如下七个方面。

（一）收入的大幅增长和自由时间的增多

朗格朗在论述现代终身教育兴起的社会原因时,曾提出九因素说,其中之一即余暇活动增多。余暇活动增多表明个人可支配的自由时间增加。在美国,先进的科学技术推动了经济的高速发展,而强健的经济实力为社会福利创造了必要的条件。这些福利带来的好处体现在收入增加和可支配的自由时间增多两个方面,而这两方面正是终身教育得以实施与推广的重要条件。美国学者 K.帕特里夏·克罗斯（K. Patricia Cross）

曾就成人学习的障碍问题提出三个方面的要因：(1) 环境的；(2) 性格的；(3) 制度的。在环境障碍方面，"时间"和"费用"是其中最重要的要因。克罗斯于 1975 年就经济收入与成人参加学习的关系作过一次调查，其调查结果表明：年平均收入在 7 500 美金以下的阶层，参加学习的人数只占全体的 9％；而年收入超过 25 000 美金者，参加学习的人数可增至 18％。①克罗斯还发现，如果收入或自由时间继续增加，那么花费在以提高自身教养为目的的学习活动上的时间将大幅增加。由此可见，美国成人学习者急速增加的重要原因包括个人收入的增加和自由时间的增多。

（二）经济与社会变化的加速

以描绘未来学习社会而被人们熟知的美国学者哈钦斯指出，要实现终身教育的普及化，除"自由时间的增多"，还有一个必要条件，即"变化的加速"（这与朗格朗的观点不谋而合）。哈钦斯认为，这种变化的加速，首先表现为职业活动所需的知识和技能技术的水平越来越高（劳动者必须对抗"威胁"自身工作的旧知识的束缚。调查表明，成人学习者选择的学习内容中 50％与职业有关）。其次表现为美国社会和个人家庭生活呈"流动性形态"的变化。②

（三）机会平等化要求的实现

20 世纪 60 年代后半期以来，由于民主制度的进一步加

---

① K.P. Cross. The Missing Link: Connecting Adult Learners to Learning Resources[J]. The College Board, Future Directions for a Learning Society (FDLS),1978：13.

② R.M. Hutchins. The Learning Society[M]. New York：Frederick A. Praeger Inc,1968.

强,要求机会平等的社会政治运动不断涌现,为缓和社会不满情绪,美国政府颁布了一系列政策,对成人学习者的增加起到了间接的促进作用。出于社会各界的强烈要求,20世纪60年代初,美国已部分实现社会经济方面的机会平等。20世纪60年代中后期,美国又进一步掀起声势浩大的反种族歧视、性别歧视和年龄歧视的社会运动。在这种形势下,1968年,美国联邦政府又颁布政策,宣布废除就业和教育方面的各种歧视,这使得家庭主妇开始大量涌入劳动力市场。政策规定,企业在雇佣和晋升方面不得歧视女性。但这些涌入者的真正目的是寻求长期稳定的职业,因此必要的学习和资格的取得是必需的。这一状况导致当时美国各高等教育机构中占学生总数三分之一的半工半读学生,半数以上为女性,且大多数为谋求将来的职业前来就学。同时,年龄的差别被取消后,美国高等教育机构开始进一步向成人敞开大门,向半工半读者提供不授予学位课程的大学至1972年已占全美大学总数的一半以上,这一态势甚至一直延续到现在。20世纪末,美国各高等教育机构的就读人员中,25.6岁以上的成人占约三分之一。

(四)高学历化的进展

美国是一个高学历化社会,而推动高学历化进程的主要推手之一就是美国成人学习者对学习资格的需求。据克罗斯1975年的调查,参加高中课程学习的成人占12%(以毕业生为统计对象),参加4年制大学课程学习的成人毕业生则达27%,而从研究生院毕业的人数更高达30%。这一事实表明,与其说美国成人的受教育水平越来越高,不如说社会对成人求职者的要求越来越高,这促使成人对学习的需求和热情越来越高。在高学历化不断发展的同时,对于低学历者,美国政府则通过"补偿性教育"这一措施来弥补。由于美国是一个"资格证书"(credential)盛行的社会,许多职业要求求职者必须具有一定的学历,因此为了帮助低学历者解决求职资格问题,美国的社区学院开设了广泛的2年制短期课程,一些正规大学的研究生院也提高了成人学习者的接收比例。据20世纪70年代初的调查,50%的社区学院学生和63%的普通大学研究生院学生均为半工半读者。

(五)教育制度的开放化

随着美国高学历化进程的不断推进,成人学习者大量增加,美国教育制度尤其是高等教育制度的开放性也逐渐提高。美国公立高等教育的正式起步开始于19世纪后半期,在获得国有土地作为基本财产的基础上发展起来。到20世纪末,这类学校中的就读人数占全美高等教育就读人数的近四分之三。学生大多集中在州立大学或社区学院等公立高等教育机构内。这类学校主要依靠国民税金维持,因此实施对所有纳税者的子女敞开校门的政策。而20世纪60年代以后,以社区发展为目标的3年制公立高等教育机构——社区学院得到大力发展,其对成人的开放性已达到几乎不受限制的地步,因此有些地区的居民称之为"开门学院"。若将这类学校与州立大学相比,其主要特征表现为,不需特殊入学资格,如考试成绩等,高中毕业或具有同等学力即可,不受年龄限制,不论以往成绩。简言之,它对几乎所有人开放。这种普及型高等教育制度的建立,为美国终身教育的推广和民众化,打下了坚实基础。

（六）经济成长速度放缓导致竞争激化的影响

如前所述，美国是一个讲求资格的社会，求职升迁等均需一定的资格或学历证明。然而，随着20世纪70年代后经济增速的放缓（这一状况在20世纪90年代后期已被消除），劳动力市场的竞争逐步激化。在这一较为漫长的经济停滞期，希望求职或转岗的人员必须具有非常熟练的技术或较高的学历证明。同时，企业在雇佣人员方面更注重学历水平。为了获得好的职位和较高收入，美国的求职者们追求资格证书和学历的热情更高。这种由生存引发的学习热，带动了各种以求职者为对象的学校、课程、讨论会等的产生和盛行。

（七）人口动态变化的影响

20世纪80年代以后，美国的人口结构发生了很大变化，即18—24岁年龄段青年的绝对数进入减少期。这部分年轻人恰恰是美国高等教育机构的主要生源，报考学生数大幅减少直接危及公立大学的经营与维持。为了维持最低限度的学生人数，许多大学和短期大学开始为争取"生源"而努力开拓新的"市场"。开拓的结果表明，唯有成人学习者拥有最大的市场潜力。上文论及的众多大学纷纷向成人学习者敞开大门，其中一个主要原因即在于此。此外，与所有发达国家一样，美国人口结构的老龄化问题越来越明显。许多从劳动第一线退休的老年人，为了退休后能过上充实的生活，为了逃避孤独，为了结交朋友和寻求温暖的人际关系等，往往也会选择学习。上文论及的学者克罗斯在向成人学习者进行调查,询问他们为何重返学校时,竟有三分之一的被调查者十分坦率地回答说只是"为了逃避孤独"。这种因逃避而要求参加学习的成人(老人占大部分),在整个成人学习者队伍中虽属"后来者",但他们的数量呈现出逐步增长的发展趋势。

二、美国终身教育的主要结构

美国教育体制的最大特征是它的多样化和实用性,同样,这一特征也存在于美国的终身教育体制。美国终身教育体制的多样化和实用性,即为不同学习目的、具有不同条件的学习者提供各自适宜的学习机会和方式。需要指出的是,美国终身教育体制的多样化和实用性特征,与日本终身教育的对应性特点具有很大不同。日本终身教育的对应性基本上依靠政府的指导力或通过颁布具有一定意图的法令、法规来予以支持与推进。美国终身教育体制的多样化和实用性则完全以自由竞争为前提,围绕终身学习这一"市场机制"并遵循"商品经济"的供需原则运作。

(一) 自由的学习者

在美国,根据市场需要选择学习机会的成人学习者被称为"自由学习者",他们的自由首先表现为参加学习是自主的,而且选择学习也是自主的。换言之,选择何种学习机会,利用何种方式学习,在何时参加学习,个人拥有绝对的自主性和自由度。这些学习者各自的职业属性,参加学习的目的,取得资格与否的必要,以及年龄、学历,希望参加的课程种类和时间等也五花八门,各不相同。这些特征使他们区别于传统的以年轻学生为主体的求学者,因此又被称为"非传统型(non-traditional)学习者"。

美国联邦政府对这部分"自由学习者"的政策是:保障他们的自主学习权,并适当给予行政方面的帮助。例如,《终身学习法》为促进自发学习,特制定了以下措施:(1)就终身学习的财政援助方法进行研究;(2)对学校以外的学习机会进行调查;(3)对阻碍终身学习的不利条件进行分析;(4)对联邦政府或州政府应发挥的作用进行检讨;(5)对成人的学习要求进行调查;(6)开设学习机会介绍所,等等。联邦政府的方针是,通过切实的调查研究取得政府与学习者之间的沟通和默契,并以此为基础实施终身学习化的推进计划。诚如美国学者 R. 彼得森(R. Peterson)指出,美国终身教育的首要目的是让所有美国人都能容易地实现学习的终身化。

(二)终身学习机会的多样性

从表1中我们大致可以看出,20世纪70年代末,美国的成人学习者总数在5 690万左右,其中约有1 200万人参加农业开放讲座,所占比例最大。由正规学校和公立教育机构提供的学习机会,大约吸收了1 240万学习者,而学校以外的重要民间教育团体,如社区诸团体的参加者约为740万,民间企业的参加者约为580万,专门职业团体的参加者约为550万等。实际上,表中展示的仅仅是被制度化了的学习机会。在美国,还有相当多的"自由学习者"利用"看不见的大学"进行学习。下面将对这些"看不见的大学"作简要介绍。

表1　美国制度化的成人学习机会

学校/非学校		在学人数(百万人)
农业开放讲座	非学校	12.0
社区诸团体	非学校	7.4
民间企业	非学校	5.8
专门职业团体	非学校	5.5
大学的半工半读课程	学校	5.3
都市的娱乐组织	非学校	5.0
教会、宗教团体	非学校	3.3
大学开放，社区教育	学校	3.3
政府机构	非学校	3.0
公立学校的成人教育	学校	1.8
联邦政府的职业训练	非学校	1.7
研究生院教育	学校	1.5
劳动工会教育	非学校	0.6
社区教育	学校	0.5
自由大学(无墙大学)	非学校	0.2
总计		56.9
（学校）		12.4
（非学校）		44.5

注：引自 Lifelong Learning Papers(1978)，根据 Date Base：FDLS(C-8)整理。

（1）图书馆。图书馆通常只提供图书的借阅服务，但美国图书馆的功能远不止于此。例如，音像磁带、教学录像带、唱片等在大多数美国图书馆都属于出借范围。此外，美国图书馆还设有学习咨询室(learner's advisory service)，专为成人学习者义务介绍学习机构，帮助成人学习者制定学习计划，以及解答成人学习者提出的各种有关学习的问题。

（2）志同道合大学（do-it-yourself college）。这是由在学习方面志趣相投者组建的一种非正规学校。20世纪末，这类学校在美国大约有200所，也有人称它们为"自由大学"（free university）。这类学校有自己的全国性机构，因此又被称为"自由大学联合"（FUN）。这类学校的教学形式是由教学者自行制定教学计划，并将包含约200种课程内容的介绍计划书印发各地，广募生源。这类学校的教学活动大都免费，其经费主要依靠个人捐赠。

（3）通过录音（像）进行学习。这也是美国终身学习活动的一种重要方法。20世纪末，美国约有10个专业团体专门从事录制和提供各种学习内容录音（像）带的工作，其中甚至包括加利福尼亚大学圣地亚哥分校这样的名校（由该校"大学开放部"和图书馆协同进行）。学习者完成学习并通过考试还可获取学分。

（4）教育中介机构（educational broker）。随着终身学习机会的逐步多样化，以及成人学习者的逐年增加，美国各地开始出现一种学习中介组织。这种组织并非自行提供学习机会，而是通过对学习信息的收集、整理，向希望参加学习的人提供有偿服务。"中央纽约学习服务中心"便是其中的典型，只要付上15美金，即可利用该机构的资料和信息，寻找适合自己的学习机会。

（5）通过考试取得学位的制度。这与中国的自学考试制度十分相似。学习者先在选定的大学进行登记（甚至不用事先登记，直接参加考试即可），然后根据课程要求进行自学，通过考试即可取得学分。学分积累到一定程度,还可取得学位。美国举行的这类考试中较为知名的有纽约州举办的"大学水平考试"(College Level Examination Program, CLEP),美国大学入学考试委员会组织的"大学学力考试"(College Proficiency Examinations)等。

(三) 市场的结构

以上介绍的一系列制度化学习,或尚未制度化的多种多样的学习机会,以及学习形式自由且学习者个人状况各异的学习活动,共同构筑了美国"终身学习市场的框架"。美国大学入学考试委员会下属的未来学习社会委员会(Future Direction for a Learning Society, FDLS)还对照这一框架绘制了一张"美国学习社会模型图"(见图1)。

(1) 资源的供给者。如图1所示,这一市场结构的首要部分是资源(资金)的供给者。在美国,资金通常由财团提供,这是美国社会的一大特征。财团资金的使用规则,因州政府的不同而有差异。但由于财团资金是推进终身教育的支持和援助,其使用规则有许多例外的情况。例如,近数十年开展的各种终身教育实践活动,如没有围墙的大学、教育中介、纽约州的学校外学位制度等,福特财团都在资金方面给予了大量援助。可见,美国终身教育多样化的实施及其推广的成功,在很大方面是由于取得了各财团的大力支持和无偿援助。

(2) 调整者。当资源(资金)与具体的学习机会相结合并流入市场时,需要各种各样专门承担协调工作的中介组织对各种学习机会进行调整。这种组织的具体作用在于,保证和鉴定教育的质量,保障学习者(同时也是消费者)能接受最符合

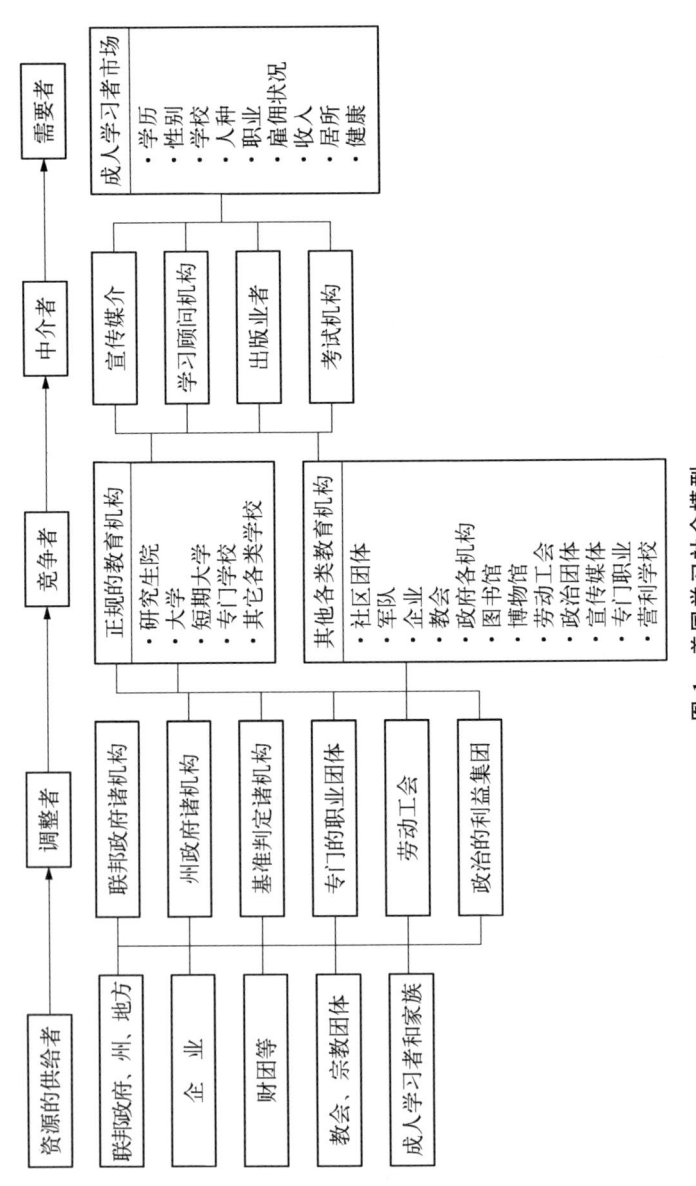

图 1 美国学习社会模型

注：根据 Data Base：FDLS(B-1)整理。

其本人需要的教育。如上图所示,调整者一列中的基准判定机构是美国独有的组织。这种组织将同一类型、同一水平的教育活动集中起来,组成一个协会,然后对其教育质量的基准进行判定。协会内的各教育实施者必须为保持这一质量标准而努力,协会定期对下属各成员的教育基准进行检查、评定和确认。这一制度对学习机构、学习内容五花八门的美国终身教育活动而言,是一种切实可行的多元评估系统,其运作可起到保证和维持教育质量的作用。

(3) 竞争者。如图1所示,资金在提供给具体实施终身学习的组织之前,还要经过一个"竞争"阶段。这类竞争者大致分为正规的教育机构和多种学习机会提供者(非正规的民间教育组织,类似中国的"社会力量办学")两种。换言之,财团支持或资金的获得,还须经过公平的竞争。而且这类竞争不仅在正规学校与非正规的学习组织之间展开,即使是同一类型组织的内部,也往往存在激烈的竞争。例如,同属正规学校系统的大学与短期大学之间的竞争等。由此可见,美国终身教育的结构往往会通过这样的"市场流通",即从资金的提供→学习机会的调整→学习提供者之间的竞争,再借助即将介绍的中介者等环节,最后传达给学习者(需要者),从而形成良性的动态循环系统。

(4) 中介者。美国虽有多种多样的多元学习机会,但要快速而准确地将其提供给学习者,则需要一个环节来进行中介。中介者通常包括新闻、无线电、电视等传播媒介,尤其是新闻,每天都刊登有关终身学习的广告、介绍、指南等,有时甚至发表对终身教育实施机构的评价、记事,登载终身学习的具体计划,出版各种学习信息的手册和杂志,等等。这些带有宣传功能的媒介,无疑为学习者扩大选择学习机会的视野提供了方便。至20世纪80年代初,为方便更多普通市民轻松获取信息,建立更多类似"教育情报中心"的机构,并通过计算机检索建立学习情报网的呼声也越来越高涨。

(5)需要者。图1显示的最后一部分是需要者,即成人学习者。据统计,20世纪50年代的需求者数量的占比为7.8%,20世纪60年代为10.9%,20世纪70年代为12.4%,20世纪80年代初则达到14%左右。① 美国一些教育学家将这些人数逐渐增长的成人学习者称为"非传统型学生",因为这类学生的主要学习特点是半工半读。他们的专业学习内容虽与传统型学生基本类似,但在学习目的、学习经验等方面,无疑与传统型学生有着明显不同。因受教育不充分,这类学生的知识、技能大多未得到完全开发。据未来学习社会委员会的调查,美国总劳动人口的三分之一(约4 000万人),其职业生活尚处在不稳定的变化之中。换言之,面对高度发达的社会,这部分劳动人口尚不具备其职业所对应的知识、技能等。若要使他们完全"过关",则需要成人教育的支持,而这对终身教育而言,无疑又意味着存在一个"巨大的、有潜力的、尚未被开拓的市场"。

(四)社会结构的变化对学习市场的影响

1. 20世纪60年代高等教育的黄金期

20世纪60年代是美国高等教育发展的黄金时期。在经

---

① 参见CB-FDLS,C-3。

济高速发展的背景下,高等教育的升学率大幅提升,其原因之一是18—24岁人口急剧增长致使对高等教育的需求迅速增加,各种资金大量流入高等教育系统。受到经济发展的刺激,一时间,大学的扩充、新建接连不断。此外,经济的高速发展带来社会和经济结构的变化,促使美国公民的收入增加,余暇时间增多,社会出现追求高学历化的倾向。这些因素促使成人学习者人数剧增,企业的教育训练活动一时间也相当盛行。

在这一时期,美国的高等教育还出现了很多新的变化,如正规大学积极敞开校门,开始招收非传统型学生(成人学习者),同时设立大学开放部,实施开放入学(open admission),积极为成人学习者开设专门课程,包括从基础教育课程到职业教育、教养教育课程。为适应成人学习者的特征,还允许他们半工半读,等等。简言之,这一时期的美国高等教育机构确确实实具有学习终身化的特征。

2. 20世纪70年代高等教育的冰河期

进入20世纪70年代后,先是高中毕业人数大幅减少,造成大学入学人数下降。其次,由于经济发展速度持续放缓,政府不得不削减教育经费的预算。在此双重压力之下,美国高等教育机构在经营上开始面临困难,这标志着美国高等教育黄金期的结束,以及高等教育冰河期的开始。受打击最重的是绝大部分以招收传统型学生为主的4年制大学。当时,除了少部分一流顶尖大学仍能维持生源,那些较一般或不太知名的州立大学、短期大学,特别是处于底部的社区学院等,都不得不敞开大门,从招收传统型学生转向招收非传统型学生。由此可见,美国终身教育或成人教育的推进和发展,是时代的需要,更是社会结构的变化导致的高等教育内部为生存而竞争的结果。

(五)学习市场竞争的激化

如上所述,社会结构的变化使得终身教育不仅成为未来社会发展的趋势,而且也因其自身具有的巨大吸引力(尚待开拓的成人学习市场等)而引发了教育经营者们(正规的和非正规的学校)的竞争。对这一领域进行开拓,最早也最为积极的当数营利性学校、社区学校和正规大学下属的大学开放部。之后,部分企业、专门的职业团体,甚至只要能承认学分,没有校园、教室的授课活动也纷纷参与进来。后来,连一些向来自视甚高,具有学位授予资格的教育机构也急切地加入这一竞争行列。因此,若论及美国终身学习盛行的原因,似乎又与众多的学习机会供给者之间的竞相参与有关。当然,根本原因仍与上述社会结构的变化有关。终身学习市场的发展最终并不由纯营利性教育机构唱主角,那些既能提供高质量教学课程,收费又低廉的教育实体赢得了最终胜利。

有人曾估计美国终身教育市场的经济总量约在300亿美元,今后围绕这一巨大市场的竞争也将更为激烈。不论这种竞争是好是坏,它已成为美国终身教育最大、最生动,也最有效的原始推动力。

三、美国终身教育的现状

以下分别对美国现有各专门面向成人学习者开放,并提供多种学习机会的终身教育机构作简要介绍。

(一) 成人学校

美国的成人学校(adult school)类似日本社会教育开展的专业讲座等教育活动。以加利福尼亚州为例,成人学校在该州约有 350 所,其中 20％ 主要为高中未毕业的学生和移民进行补习教育,剩余 80％ 主要从事教养教育。这类教育的内容包括:(1) 英语;(2) 美术、音乐、手艺;(3) 外语;(4) 家政;(5) 父母教育;(6) 健康、体育、安全;(7) 特别课程等。这些教学课程大都经过精心设计,学习内容约以 3 个月为一期。教养教育的学费最初受州政府的补助,每学科 8 美元。1978 年后,由于政府固定资产税率下降,教育税收减少,补助停止。20 世纪 80 年代初,教养课程的学费上升至每学科 20 美元,但补习教育的费用均全部由州政府承担,因而接受这类教育的学习者均免费上学。成人学校中,有的拥有专门的教学场所,有的则利用中学校舍在夜间开课。学生大多为学校附近的居民,平均年龄在 40 岁左右,以女性居多。这类学校没有入学限制,只要支付学费即可听课。任课教师均为兼职,大多来自各正规教育机构,其报酬约为每小时 10 美金。

成人学习者参加这类教育的重要原因之一在于逃避日常性的孤独。美国是一个个人主义的社会,留守在家中的主妇、老人大多具有强烈的孤独感。成人学校除传授各类知识外,还为这些人提供了新的交流场所。在这类学校中,中老年妇女能自由而愉快地交谈,夫妇同来参与交流的老人也为数不少。

由此可见,美国的成人学校在教授与日常生活密切相关的知识和技能的同时,还能使老人、妇女摆脱孤独。此外,成人学校教育计划的一部分又与社区学院重复,从这个意义上说,两者既是竞争对手,又是互相合作的伙伴,因为参加成人学校补习教育后再转入社区学院的人有很多。不过,相对于作为高等教育一部分的较为正规的社区学院,成人学校似乎更具家庭式的气氛,而这种无拘束的氛围对中老年学习者来说具有相当强烈的吸引力。这也是美国成人学校在传授知识、技能外具有的又一鲜明特征。

(二) 社区学院

社区学院(community college)是美国特有的新兴高等教育机构。1892年,芝加哥大学首任校长威廉·雷尼·哈珀(William Rainey Harper)首先分离大学一、二年级和三、四年级,将前者称为"学术学院"(academic college),后者称为"大学学院"(university college),之后,两部分又分别被称为"初级学院"和"高级学院"。20世纪上半叶,初级学院迅速发展。第二次世界大战后,公立初级学院被称为"社区学院"。社区学院的出现为成人教育、高等教育和职业教育三者的结合开辟了一条新路径,因此一面世即引起众人的瞩目。20世纪60年代后,社区学院更以其全新和特有的面貌与功能,在全美得到迅速推广和普及。截至1988年,这类学校已从20世纪60年代初的633所激增至1 500所以上,在校学生数达950万人之多。

社区学院作为面向社区居民提供教育服务的公立短期大学往往是免费的。其课程大致包括:(1)为取得各种职业资格和熟练职业技能而开设的职业教育课程;(2)综合性的一般教育课程(如高中后教育);(3)为转入大学后期学习的专门课程等。只要高中毕业或具有同等学力,年龄在18周岁以上,不用选拔即可进入社区学院学习——开放入学,但部分职业教育课程需具备一定资格。教学分白天和夜间进行,既可全日制,也可半日制。是否取得学分或学位,学习者可自行决定。教学课程也不因有无学分或学位而存在差异。这类学校的特征表现为,所有教学科目和课程均与社区居民的实际需要密切相关,尤其是对日常生活所必需的实用知识传授较多。若与日本进行比较,这类学校较类似日本的短期大学、专修学校、公共职业训练所,社会教育举办的文化中心,以及高中后的综合教育机构等。以加利福尼亚州的维斯塔学院(Vista College)为例,这所学校三分之二的在校生为女性,平均年龄38岁,其中40%具有4年制大学以上的学历。由于实行学费免除的制度,学校的经营全部依靠公费。其中,州政府负担三分之二,剩下三分之一则由社区承担。学校80%的教职员为非专职(教师大都从外单位聘请,课时费为每小时18美元以上)。在招生方面,每学期开学前,社区学院会向社区居民分发宣传资料(招生广告);职业教育的课程则与企业密切联系,有些课程由企业的专职技师和工程师教授。社区学院的学习形式也多种多样,如除面授外,还包括观看录像、收听无线电节目、讨论报纸内容等,甚至将课程录音后带回家自学也可。

仍以上述维斯塔学院为例,它提供的课程有:(1)美术;(2)生物学;(3)商业;(4)社区服务;(5)建筑;(6)情报处理;(7)戏剧表演;(8)教育;(9)环境研究;(10)家庭与消费;(11)法语;(12)行政与政治;(13)健康教育;(14)历史;

(15)企业经营、管理；(16)新闻传播；(17)劳动、都市研究；(18)语言；(19)数学；(20)墨西哥、拉丁美洲研究；(21)音乐；(22)保育；(23)营养学；(24)哲学；(25)摄影；(26)体育；(27)心理学；(28)房地产经营，等等。单从以上罗列的课程来看，其内容的广泛性和实用性令人目不暇接。

（三）大学开放部

与终身教育几乎同义的"终身学习"一词，20世纪40年代初最先被美国加利福尼亚大学的大学开放部（university extension）使用。当时，对如何实行大学开放尚无定论，只是考虑利用大学中的部分人员和设施开展对非传统型学生的教育活动。在大学开放部学习一般可取得学分。学习方式既包括面授，也包括利用通信、移动图书馆、专题演讲、展览会、咨询等开展的学习活动。

以加利福尼亚大学伯克利分校的大学开放部为例，其提供的学习机会多样，主要科目有经营管理、教育、人文科学、自然科学，等等。这一大学开放部虽隶属加利福尼亚大学伯克利分校，却在校园一隅拥有自己的独立建筑。教职员和必要的资金大部分依靠大学的支持，但其财政独立，运作基本靠学员支付的学费来维持。大学本部仅对大学开放部提供的教育计划、内容和教学水准等进行检查与监督。

大学推广的历史，最早可追溯至19世纪。当时，大学推广运动十分盛行，后来曾一度衰落。[①] 20世纪60年代后，受

---

① 大学推广起始于19世纪中的英国。1873年，剑桥大学向本国各地派遣讲师，并向社会公民提供讲义、课程。这一举措于19世纪末被介绍至美国，并得到重视和普及。

终身教育思想的影响,大学开放又开始被社会重视。由于联邦政府的支持和援助,美国的大学开放部一时间成为高学历职业人的再教育基地。在这里,大学的学分和学位并不重要,重要的是凭所学课程的证明可在企业中获取职务晋升的机会,取得"重新资格证明"(relicensure)。在美国,每一职业协会或行业联合会都对本协会内的成员负有教育训练的责任。企业的从业人员在一定时间内若拿不出规定的培训证明,就有可能失去晋升的机会,甚至被取消上岗资格。这与中国的岗位培训制度十分相似。大学开放部除在职业培训方面发挥作用外,其相对成人学校或社区学院而言,往往在较高层次上为一些已取得学历和具有一定经济、社会地位的人提供多种知识补充性质的学习机会。这方面又有些类似日本民间举办的各种专题演讲会和研修会。

(四)放送大学

放送大学(University of Mid-America, UMA)是美国各类放送大学中的一种,受英国大学开放的影响而设立。它是约7个州的11所州立大学组成的联合体。与具有独立组织,提供完整大学教育,能授予学位的大学开放部不同,放送大学既不认定学分,也不授予学位。放送大学的教学方式以播放录像为主,形成多种可传播的课程,实施开放学习(open learning)。为了实现远距离办学,放送大学通常自己开发和设计教学计划,制作和录制教育节目等(这些节目也供大学本部的大学开放部和继续教育使用)。放送大学准备最终完成4个领域近50门课程的放送教育节目,这4个领域分别为能源与环境、人文、经营、农业。放送大学提供的录像课程或通过电视传送的教学节目均提供免费的电话答疑。听讲者可通过电话询问,也可去各地设立的学习中心咨询。

作为联合体的放送大学,其资金主要来自各州政府给予的补助,有时也从国家教育学院(National Institute for Education,NIE)和其他财团处取得一些援助,但一般没有固定的资金来源。放送大学提供的教学课程,因各方评价较高,现已在各大学的终身教育推广活动中占有一席之地。其登记在册的正规听讲者为8 000人,但考虑到课程是通过电视传播,估计还有更多的"业余听讲者"在参加学习。

从正规的8 000名听讲者的基本情况看,约75%为已婚女性,且半数以上没有受过高等教育。她们的平均年龄约为37岁,收入属中等水平,分布地区也极为广泛。这些女性因各种原因而未能接受高等教育,学习愿望十分强烈。对于放送大学计划,各大学最初一个学科定员50名,但现在少则15名,多则450名左右,这无疑对个别辅导和答疑造成了一定困难。

(五)没有围墙的大学

在美国,没有围墙的大学(university without wall)是彻底以学习者为中心,提供专门学习计划并能授予学位的高等教育的总称。截至1980年,美国有29所这类学校,其中一小部分甚至没有校园,但大部分为所属大学的一部分。这29所学校设有全国性的统一联合组织,但各学校并不受其控制,而是独立运作。这类学校具有基本相同的目标和构想,因而被统称为"实验大学联合"(union of experimental universities and colleges)。

无墙大学实施的是一种被称为"契约学习"(contract learning)的学习形态。这一学习形态的特征表现为：(1)学习的主动权始终由学生掌握,教师只是应学生的要求进行指导;(2)学习完全由学生根据自己的学习计划进行,教师并不实施具体教学,而只是对学生的学习实践予以帮助,并结成密切的一对一关系;(3)学生不仅在教室中学习,还可以通过野外研究、见习和义务劳动、旅行等实际活动开展学习;(4)学校要求学生自行制定的计划具有一定实际意义,并有利于增进学生自身的经验;(5)学生入学前,对他们以往的学习经历、劳动、工作和自学成果进行评估,其中一部分经过认定可换算成学分;(6)允许学生根据自身条件进行弹性学习;(7)对学生的评估并不以传统的书面考试成绩为标准,而是将学生的个性、能力、经验等均包含在内,并让学生本人参与评定。学位的授予通常还会与学生自身创造的学习成果联系起来。

(六) 校外学位制

美国纽约州有一个被称为"纽约州大学"(University of the State of New York, USNY)的组织。这所"大学"没有校园,也没有教师和学生。换言之,它并不属于真正意义上的大学,它负责对社会上的学习者实施"自学考试",根据考试合格后累积的学分进行学位认定并颁发证书。这一独立组织根据"纽约州校外学位制度"的有关规定,于1971年设立。

校外学位制(external degree)自1972年实施以来,至1978年止,共有7 994名校外自学者获得学位。其中,2年制占了大多数(73%),仍在继续学习者累计约有27 000名。这一制度为期望取得学位的自学者(如正规大学的中途退学者)

铺平了奋斗的道路。通过这一自学考试取得学位后,若想进一步深造,其资格也被认可(如进入研究生院等)。

据20世纪末的统计,当时获准举办校外学位资格考试的大学约有134所,其中三分之一的学位取得者出自纽约州大学。

(七)企业内教育的认定

美国州一级的政府,往往会在本州内制定一些制度,并积极参与企业内的职业训练。这一制度被称为"非大学教育计划"(non-collegeate education programs)。

这一制度规定,企业内进行的各种教育和训练活动,如果属于大学水平,可由州有关机构进行认定。得到认定的这部分企业内教育,其学习者在学习期满后,可向有关大学(州属)申请,将学习成绩作为大学的正规学分予以承认。

具体而言,企业首先以教育训练内容向所在州的有关部门申请,有关部门在收到申请后委派相关专家或大学教授前往企业进行审核。如果审核通过,企业内教育便被州政府作为"非大学教育计划"予以承认。得到认定和承认的各企业内训练课程的类别、名称、内容和学分换算方法又由州政府经统计整理后制成表格(备忘录),发给州内各所大学。企业内参加该训练计划的人员如果希望获取学位,则可直接向有关大学申请,大学根据本校的规定和方针予以承认。这一制度从1974年起实行,至1978年,已有81家企业总计1 112个训练课程提出了申请,其中976个课程经审查通过。参与这类可计学分的企业训练的人员数,每年估计可达5万。通过审查认定的训练课程大部分由美国大企业或公共机构提出,一般中小企业较难具备这方面的条件。

第二节 美国终身教育的特征及问题

一、基本特征

上一节从各个层面出发,较为详细地就美国终身教育活动开展的情况作了介绍。从上述这些具体事例中,可以切实感受到美国终身教育(终身学习)实施的范围之广,层次之高,内容之普及,以及各种教育计划、教学课程的构想之新颖与实用。

如果说日本终身教育的主要特征是积极而谨慎、认真而踏实地循序渐进式推进,那么美国终身教育则完全显示出大刀阔斧、全面铺开的风格。这两个国家的终身教育实践,正好体现出东西方两个截然不同的民族的思考方式和行为特征。正如小心谨慎不易出差错,雷厉风行迅速却不易深入,美国终身教育仍具有许多尚待解决的问题。

二、遗留的问题及对未来的预测

就美国终身教育的现状而言,美国通过终身教育立法推动实践的开展,并提供制度保障,在组织机构方面也形成了各种地方性、专业性的团体,推动终身教育的研究与开展,并取得了显著成效。然而,其中存在的问题也不容忽视,归结起来大致体现在以下三个方面。

(一)现状的混乱

美国终身教育活动形式多样,学习机会繁多,这固然是其显著特点,但美国终身教育的根本立足点建立在"市场竞争"的基础之上。教育机会的提供者视学习者为"顾客",以学习者需求的满足作为竞争手段,这就使得教育染上"商品化"的特征,不仅在实际推进中会引起混乱,而且从根本上违背终身教育倡导的原则——通过终身学习使每个人适应社会并满足其自身对充实人生的需求。为此,在美国社会,要求大力整顿这种竞争造成的终身教育领域内混乱状态的呼声十分强烈。

(二)新的不平等状况的形成

美国社会的各个方面都提倡自由和竞争,从而使教育这种培养人的活动处在危险的"商品竞争"状态中。首先,自由市场机制与理想形式的学习终身化的实现之间也势必产生尖锐矛盾,并由此孕育出新的不平等。这种新的不平等首先表现为终身教育提出的原因之一,即学校教育机会的不平等造成许多人中途失学或无法接受高一层次的教育。但美国终身教育的现状显示,"似乎只有拥有高层次学习经历,才更容易接受高等教育"。其次,在自由的市场竞争体制支配下,仅有学习的热情或愿望远远不够,还必须拥有足够支付教育费用的经济能力。换言之,只有有钱,众多的学习机会才会向学习者敞开大门,贫困者无疑会被拒于终身教育的大门之外。也许这正体现了资本主义社会"形式上的平等而事实上的不平等"的通病。不过,同为资本主义国家的日本,在这方面做得相对较好:一方面得益于民间的社会教育机构和组织不断呼吁政府注意改善政策,消除不平等的因素;另一方面,政府也确实在某种程度上顺应了民意,积极采取一系列措施,在全体国民中致力推广终身教育,如公民馆的免费开放,各种校外讲座的自由参与,等等。

（三）学习的强制性问题

在终身教育推广和普及的进程中，在一般国民尚未形成自觉学习意识之前，适当采取强制性手段，促使普通民众积极投身于终身学习的活动，在终身教育实施的最初阶段具有一定的必要性。但在美国，终身教育的参与完全以"自由学习者"的身份为前提。从理念上说，美国终身教育提倡实现理想的学习社会，即任何人在任何时候、任何场合都可以利用任何学习机会参与终身学习活动，并且在实际上，美国又确实在提供学习机会方面创造了种种领先于世界的条件。但现在的问题是，迄今为止参与这类学习的学习者是否都是真正出于自愿的"自由学习者"？问题的答案显而易见，美国社会奉行"资格证书至上"原则，因此学习者在很大程度上更倾向于因受到职业生活的压力而迫不得已投身于学习。这无疑是受强制的行为，其性质也并非通过学习促使个人实现真正意义上的自我满足，而是一种带着强烈职业色彩的活动。

问题的严重性还不仅于此。由于美国的"资格证书主义"已呈日常化的趋势，加之处在自由竞争状态下的教育，这些资格证书的"质量"难免会令人怀疑。其实，众所周知，较其他西方国家而言，在美国获取学位更加容易，有些人甚至戏称美国为"学位制造工厂"。名不符实的学位授予机构常被发现。即便是正规大学或高等教育机构颁发的学位和资格证书，它们究竟代表何种水平，在美国并无共同的评判标准。更为严重的是，围绕终身教育这一"市场"，各种学习机会的提供者都在为各自的"生存"而拼命争取"客源"（学习者），由此为迎合"顾客"的要求而不得已降低教育水准的事实，具有导致教育质量整体下降的危险和可能,这已引起美国国内有识之士的注意和重视。很明显,在这场鱼龙混杂的争夺战中,已经出现以学习者为营利对象,以教育为投机事业的"商人"。

若干年后,美国的终身教育究竟会朝着什么方向发展,在现在看来,即使是专家也难以预测。带有强烈的企业和职业色彩的教育机会提供者,在努力开拓学习市场的同时,却无法使学习者的实际能力同步提高。

在美国,教育的供给只是为了迎合社会的需要,而学习的被"强制"也只是为了顺从企业间的竞争。长此以往,美国的终身教育有可能变得只剩下一副外强中干的形骸,而这一结果是所有关心美国终身教育的人最为担心和最不希望看到的。

第六章 英国终身教育的发展动向和现状

"教育应是一个终身的过程"在英国深入人心,作为市民的自我教育、相互教育而发展起来的成人教育活动,有着漫长而独特的发展历史。

第一节　英国开展终身教育的历史

一、概况

"教育应是一个终身的过程",这种思考方式和认识,在现今的英国社会可谓深入人心,早已被一般民众接受。作为市民的自我教育、相互教育而发展起来的成人教育活动,在英国有漫长而独特的发展历史。例如,早在 1812 年,卫理公会(Methodism)的牧师 T. 查尔斯(T. Charles)就在英国港口城市布里斯托尔(Bristol)开设了成人学校;又如,1823 年,英国伦敦设立了机械工人讲习所(London Mechanics' Institution);1838 年,英国宪章运动引发了全国性市民讲座和讨论会,至 20 世纪初时,已发展成规模巨大的市民和劳动者的全国性自发学习活动。举世闻名的英国大学推广运动(University Extension Movement)则是由剑桥大学于 1873 年最先发起,与设立于 1903 年的英国劳动者教育协会(Workers' Educational Association)一起,共同为随之发展起来的近代成人教育奠定坚实基础。

在英国,成人教育作为制度被确立,要追溯到 1919 年成人教育复兴委员会(Adult Education Committee of the Ministry of Reconstruction)提交的一份《最终报告书》(*Final Report*)。这份报告书不仅论证了成人有接受教育的可能性,而且从制度上确认应对每个人的教育予以重视——英国成人教育的传统。报告书号召各地方教育行政机构和民间团体齐心协力,共同推动成人教育制度的建立。1924年,英国首次制定《成人教育章程》(Adult Education Regulation),①其中就政府通过补助金的方式对成人教育予以援助的事项作了具体规定。此后,根据1943年公布的《教育白皮书》(White Paper, Education Reconstruction)的精神,以及1944年《教育法》的规定,成人教育在英国各地方教育行政机构中,作为以继续教育为中心任务的教育活动,最终在制度上得到确立。从此,成人教育作为国家教育制度的组成部分在英国全国各地展开。

在英国,比终身教育使用更为普遍的术语是"继续教育"(continuing education)②和"回归教育"(recurrent education)。20世纪80年代后,"终身教育"(lifelong education)和"终身学习"(lifelong learning)逐渐被频繁使用,但英国的教育用语词典认为,"终身教育"与"继续教育""回归教育"应作同义词解。③ 由于英国在法律上规定学校后教育为继续教育,因此相对终身教育的用语,"继续教育"在使用上来得更为普遍和正式。从上述简单回顾中可以大致看出,英国虽未更早地使用"终身教育"这一术语,但在提倡终身教育理念和实践"人的终生都必须接受教育"这一原则方面,英国已在相当程度上走在世界各国的前列。简言之,英国更多是在发挥其成人教育历史传统的同时,辅以一系列具体的立法措施来实现终身教育

---

① 该章程在1931年和1938年又进行了两次修订。
② "继续教育"一词在英国也常被"未来教育"(further education)代替。
③ 日本生涯教育学会.生涯学习事典(增补版)[M].东京:东京书籍,1992:482.

提倡的各项原则。下文将围绕英国成人教育的主要结构、特点,以及继续教育、高等教育和职业技术教育方面的发展状况,就终身教育的整体结构作一粗浅的分析和论述。

二、英国成人教育的主要结构和特色

英国终身教育的重要组成部分是成人教育。就英国成人教育的结构而言,其主要特征大致反映在以下三个方面。

(1)英国的成人教育概念,一般并不包括高等教育的内容,尤其是传统的正规大学教育。首先,就英国的历史传统来说,正规高等教育主要为培养少数英才而设,与以普通大众为对象的成人教育显然有着本质的区别。其次,英国的大学一向被视作为完成中等教育直接升入大学的未成年人或年轻人特设的教育机构,因此作为社会人的成人学生显然不在招收之列。诚然,现代英国大学中,已有三分之二的学生为18岁以上的成年人,但究其性质而言,显然不属于成人教育,只能被理解为高等教育机构中学生年龄的成人化。

(2)在英国,成人教育一向被认为是非职业性的,且以文化、教养的教育内容为中心,属重视个人自由选择和兴趣的余暇性学习活动,即英国的成人教育并不包括职业技术教育。究其原因,无疑与英国的历史传统有关。19世纪的英国,成人教育主要作为着眼于为以劳动者阶级为中心的普通民众普及高等程度的教育,以及实施非职业的教育内容和重视课程形态的教育方法发展起来。当时,极为流行的"知识就是力量"的口号,可以说是这一教育活动的象征。受以上传统的影响,与取得资格或增加收入有直接关系的职业技术教育,长期以来不被纳入成人教育的范畴。作为"市民的、政治的和地区社会的能力"表现出来的批判力、判断力和决定意识的能力及其价值观的形成,则被视为成人学习的真正目的。①

（3）类似通信教育形态的教育活动不被包括在成人教育之中。通信教育作为实施成人教育的手段和形式,在瑞典、法国、日本、苏联、中国(称为"函授教育")均已得到承认,并且作为一种适合在职成人的教育形态被广泛应用。截至20世纪末,英国利用通信教育的人数在50万左右,但这种面向成人的、规模宏大的公众性教育活动并未被纳入成人教育的范畴。究其原因,大致有两个方面：一是英国的国家教育制度承认成人教育,但不包括通信教育。换言之,英国的通信教育完全由私人承办,国家教育经费不对其进行任何资助。二是通信形式的教育在一定程度上无法保证集中面授辅导的质量,因而得不到国家认可。由此,英国教育当局执着地强调面授教育和重视教育质量的特点,令人印象深刻。

前面已提到,英国成人教育之所以能在公共教育制度上得到确认,完全是因为其被纳入继续教育的范畴。② 但在具体实践中,英国成人教育无论是在概念上、内容上还是目标上,都与继续教育存在区别。例如,英国成人教育对成人学习者实施的主要是非职业性教育课程和教育计划,而继续教育在很大程度上与此相反。英国继续教育除教养教育、专门教育

---

① 持田荣一,森隆夫,诸冈和房.生涯教育事典[M].东京：行政出版社,1979：49.
② 英国颁布于1944年的《教育法》的第七条规定："公共教育制度由初等教育(primary education)、中等教育(secondary education)和继续教育(further education)三个累进的阶段构成。"

外,还包括职业训练、社会训练等。若与学校教育或高等教育相比,英国成人教育不仅以定时制、半日制学习为中心,而且在教育形态上也属非正规教育。从这样的具体特征出发,可看出英国成人教育实施的内容实际上并不包括成人学习者可能开展的全部教育活动,而仅仅被限定在部分非职业性教育活动领域。

在英国,提供成人教育机会的主体机构、组织或团体大致有三类:第一类是承担公共教育责任的地方教育行政机构;第二类是由成人学习者自主自发组成的志愿团体;第三类则是负责为成人提供多种学习机会的负有社会性责任的责任团体。由于英国的《教育法》规定地方教育行政机构有义务推进继续(成人)教育,因此,英国绝大多数成人教育机会均由地方教育行政机构提供,余下的部分则分别由志愿团体和责任团体承担。志愿团体由有志于促进成人教育事业的民间人士组成,与其说它是以提供教育、学习的机会为目的,倒不如说它是以此为手段,通过提供相互交流的机会促使参与者志同道合地共同体验文化生活。责任团体在英国指大学内实施成人教育事业的校外教育部(departments of extra-mural studies)、劳动者教育协会,以及长期寄宿制的成人教育学院(long-term residential colleges)等。这类组织主要向成人学习者提供能提高"个人判断力和决策能力或价值观"的自由学习机会。地方教育行政机构主要从事传授各种科学知识的教育活动。

由此可见,对于学校教育后的成人教育机会,按提供主体划分,有上述持不同目的和侧重点的三类。它们之间既有任务上的分工,又分别为有不同需要的学习者提供符合其各自学习目的的学习机会。

第二节 英国继续教育、高等教育和职业技术教育的开展

一、英国继续教育的现状及其发展动向

在英国,学校教育结束后,面向青少年或成人继续提供教育的系统极其复杂。从理论上来讲,学校教育终了即意味着中等教育的结束(以完成中等学校第6级学业离校为准),这之后的教育全部属于继续教育范畴。但实际情况是,高等教育(大学、高等工艺学校、高等教育学院等)并未纳入继续教育范畴之内。此外,涉及个人教养、趣味的学习,以及体育、余暇等活动,虽也被归入继续教育的范畴,但这类教育活动隶属成人教育或青少年教育,因而也相对独立于继续教育。英国教育制度的具体结构可参见图2。

据图2所示,继续教育虽在英国教育制度中占据与初等教育、中等教育同等重要的位置,但实际上,它是一块"招牌"四个"部门":在继续教育的名目下,除自身的那部分内容(一般又可称为"普通继续教育")外,还包含高等教育、成人教育、青少年教育的内容。

在英国,实施普通继续教育的单位主要是被称为"继续教育学院"的机构,其实施的普通继续教育内容以取得资格的教育为主,包括与职业资格的获得相关的职业技术教育。在英国,继续教育的定义是,"对超过义务教育年龄的人进行的全日

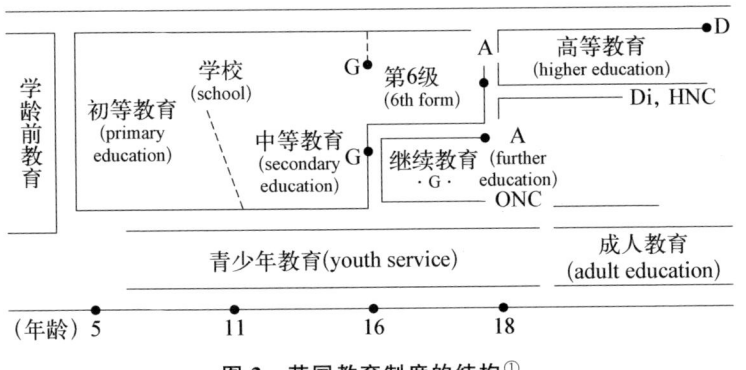

图 2　英国教育制度的结构①

注1：● 指资格考试
　　G：GCSE
　　A：GCE·A 水准
　　D：Degree
　　Di：Diploma 等
　　ONC：Ordinary National Certificate 等
　　HNC：Higher National Certificate 等
注2：各类教育的主要实施机构
　　高等教育：大学、高等工艺学校、高等教育学院
　　继续教育：继续教育学院等
　　青少年教育：青少年俱乐部(youth club)、童子军(boy scouts)等
　　成人教育：成人教育中心、大学成人教育部、劳动者教育协会(WEA)等

制或定时制教育"。② 而在具体实施方面,它也体现出多样性和灵活性的特点。例如,就教育形态而言,不仅有全日制、早晚两部制、日间开放制、日间定时制和夜间定时制等,学习期间的课程也可根据学习者的需要随时更改。20 世纪 70 年代初以来,英国经济增速放缓,为了尽快解决技术水平低下和年轻人失

---

① 日本生涯教育学会.生涯学习事典(增补版)[M].东京:东京书籍,1992:481.
② 英国《教育法》第 41 条,1944 年制定。

业率上升的问题,英国劳动雇佣部(Ministry of Employment)自1972年起特别设置人才养成委员会(Manpower Services Commission)。①人才养成委员会自1978年起与继续教育机构一起,对尚未就业的年轻人实施职业训练计划;自1986年起,该计划扩展到以成人转职换岗者和失业者为主要对象,并试行新的教育训练课程。

与继续教育学院平行,在学校教育结束后提供教育机会的是开放大学(open university)。开放大学具有学位授予权,大部分学生是已就职的成人。开放大学的学习方式以通讯教育(包括电视和广播教育)为主,深受学习者欢迎。据20世纪80年代初的统计,开放大学的在学人数一度超过10万。②与开放大学具有相似功能的还有大学的成人教育部。在人才养成委员会的指导下,英国于1987年设立开放学院(open college),主要针对成人开展职业技术教育,采取的具体方式也是函授或广播电视放送,即实施远距离教育。

综上所述,英国继续教育作为公共教育体制的一个重要组成部分,其结构极其复杂。这一复杂性体现在其与成人教育和高等教育的貌合神离上。不过,这一固有的传统结构已有松动迹象,尤其反映在成人教育逐渐向继续教育靠拢这一发展趋势上。代表性的例子是,提交给英国成人与继续教育审议会(Advisory Council for Adult and Continuing Education)的众多报告书中,大多数都认为,在连续的学校学习结束后,作为

---

① 该委员会1988年被改组为训练委员会(Training Commission)。
② 日本生涯教育学会.生涯学习事典(增补版)[M].东京:东京书籍,1992:480.

公共教育制度组成部分的继续教育应与传统的成人教育合并。具体而言,继续教育将重视市民的教养教育,而成人教育应改变传统,积极导入职业技术教育内容。论及这一发展趋势的背景,其中之一是英国的技术教育发展逐渐迟缓,有落后于其他先进工业国的态势。因此,出于对产业发展需求的考虑,有必要对成人教育的传统方向作出时代性调整。而更为根本的原因在于,建立在为普通劳动者提高受教育水平立场上的传统成人教育服务的对象实际上并非人数众多的劳动阶级,而是明显偏重中产阶级。因此,众多持批评意见的人士认为,成人教育首先应关注"社会弱者"——那些特别需要得到照顾,以及正处于社会恶劣环境中的人,他们面临的最切实的生活问题正是维持生计所必需的,与职业和劳动直接相关的职业技术教育。

二、英国高等教育发展的多元化和弹性化

高等教育积极面向社会开放也是实现终身教育理念的重要方面。英国高等教育发展呈现出的多元化和弹性化趋势,正顺应了终身教育发展的潮流。

在英国,高等教育通常指达到中等教育资格考试(General Certificate of Education,GCE)中的高级水平(advanced level)或具有以上同等学力的入学资格,并在一定时期内实施某种被认定的且指向取得一定资格的有体系的教育过程。[1] 据此

---

[1] 日本国际交流中心.生涯教育的现状和课题[M].东京:综合研究开发机构,1979:53.

定义,课程而不是机构是英国判定高等教育的标准。换言之,高等教育与机构名称、种类或学生的在学形式等无关,重要的是,是否具有被认定为高级水平的课程。由此,高等教育机构这一概念在英国可被理解为以提供高级课程为主要任务的教育机构。

截至 20 世纪末,若以占总数一半以上的在学者选修高级课程作为判断高等教育机构的标准,那么,整个英国大约有 47 所大学和 61 个提供高等继续教育的机构可被归属为高等教育的范畴。而在这 61 个继续教育机构中,又分别有 45 所为综合工艺学校[①](英格兰和威尔士有 30 所,北爱尔兰有 1 所,苏格兰有 14 所),16 所为直接养成专门学校(direct grant institutions)。

从上述介绍中可以看出,英国高等教育的最大特色在于,其认定的基准定位在课程而不是机构名称。其有利之处在于,一方面可以保证高等教育的质量水平,另一方面可使这种制度朝着多元化和弹性化的方向发展。在英国,学术界通常将这个多元化的高等教育制度简单归纳为二元制度(binary system)。二元,即以大学部门和非大学部门为界进行大的划分。非大学部门虽不是正规大学,但它作为高等教育机构,也为社会提供以多种科学技术为中心的专门教育方面的高级课程。

二元化政策于 1965 年由英国时任教育部大臣安东尼·

---

① 英国综合工艺学校(polytechnic),诚如其名,提供的课程内容极其多样,除医学、农学、林学和兽医学外,几乎涵盖所有理、工、文、管领域。因此,英国更多将其理解为提供多种文化艺术和技能的高等教育机构。

克劳斯兰德(Anthony Crosland)首次提出,其后又得到克劳斯兰德继任者的积极支持和推广。二元化政策为何会形成呢？究其原因,大致有以下几个方面：(1)传统型大学已无法满足产业界日益增长的对多种专门职业人才的需求；(2)受传统习惯影响形成的传统文化已无法满足个人的多种需求,尤其是传统英国大学对那些家庭出身贫寒且处于社会下层的人表现出关闭门户的倾向；(3)传统高等教育与社区的结合松散,对社区的发展需要的反应迟钝,往往无法作出贡献；(4)现代社会要求的高等教育机构并非单纯的研究机构,而是希望它能成为从事多元化教育活动的组织；(5)与其强调高等教育对社会要求的全部满足,不如关注它对社会局部的切实回应；与其追求高等教育制度的完美,不如将其置于"社会"这一意义广泛的"市场"之下接受检验来得更为必要。

根据以上认识,英国政府决定,自1966年起不再设立新的大学,转而立足于非大学部门着手对高等教育进行扩充,并且特别强调以综合性的工艺学校、科技学校作为扩充的重点。

英国高等教育二元化制度的形成,可以说解决了传统高等教育如何适应现代经济社会发展这一重要课题,尤其是对一个历来视大学为培养学者和绅士的神圣殿堂的国家而言,能如此积极地顺应时代潮流,大刀阔斧地改革高等教育制度,使其面向社会和民众,更加开放,不能不说需要极大的勇气和魄力。英国的这一改革,不仅为世界上其他国家提供了经验和榜样,而且标志着这个国家已朝着实现终身教育的理想迈出了切实可行的一步。

三、英国公共职业训练和职业资格制度的发展

(一) 英国的公共职业训练

就英国的整个教育结构来看,除初等教育、中等教育和继续教育(包括高等教育、成人教育)早已被纳入国民教育体系,并作为各地方教育行政机构的义务而受到积极推进外,职业技术教育也日益受到重视,并建立起一整套独特而有成效的管理制度。

在英国,职业技术教育并不隶属于教育行政系统,而是纯粹作为一种公共职业训练活动被纳入劳动行政体系。负责管理这一活动的组织是成立于20世纪60年代初的公共职业训练机构。20世纪60年代初,英国民间企业的在职员工接受职业训练不充分,因而遭到来自社会的强烈批评。政府对这一批评进行检讨和反省的结果,即1964年颁布的《职业训练法》。依据此法的规定,各产业部门内应设立专门的职业训练委员会(Industrial Training Boards, ITB)。目前,英国28个主要产业部门都设有职业训练委员会,其管辖面已覆盖雇员总体的半数以上。

职业训练委员会的主要职能包括,对技工、技师、工段长等的技术和技能训练分别进行综合计划和调查研究,对企业从业人员的训练计划给予指导和援助,为职业训练提供必要的设施、设备、教材和资金等。职业训练委员会一般由公司代表6人、职工代表6人、教育专家5人共同组成。职业训练委员会的经费最初由相关企业按工资总额的一定比例缴纳,并且拟采用"征收—补助"(levy-grant system)的方式构建企业职业训练的机制。然而,进入20世纪70年代后,由于经济不景气,遂改为企业与政府共同承担;而自1974年起,经费的负

担由原来的以企业为主逐渐转向以政府为主,职业训练委员会建立初期的独立性质,也因政府的介入而变为半自治的状态。

职业训练委员会采用的是蒙捷儿法,虽然培训质量有了很大提高,但在人数规模方面有诸多限制。此外,职业训练委员会采用的补助金政策,也使得培训有流于形式的倾向,而且占总数一半左右的雇员仍未被纳入训练计划。加之当时的失业状况严峻,因此政府又于1973年制定了《雇佣和训练法》,并据此设立人力服务委员会(Manpower Services Commission,MSC),作为雇佣和职业训练的公共服务机构(1974年1月1日起正式运作)。

人力服务委员会由10人组成,任期为3年。除委员会主任外,还包括劳动工会3人,经济团体联合会3人,地方自治体联合会2人,教育领域相关专家1人。人力服务委员会直接对政府雇佣大臣负责,是政府机构中的独立组织。其主要任务是协调解决雇佣的安定问题,负责对企业职工进行职业训练,以及就人力资源的政策等为政府提供建议。人力服务委员会下还设有雇佣服务局(Employment Service Agency,ESA)和职业训练局(Training Service Agency,TSA)两个具有独立法人资格的机构,分别对雇佣问题和职业训练问题进行具体操作。人才服务委员会的事务局共有200余名工作人员,加上雇佣服务局和职业训练局在全国各地的派驻人员,该机构大约拥有22 500名工作人员。[①] 以上诸机构的活动经费

---

① 日本国际交流中心.生涯教育的现状和课题[M].东京:综合研究开发机构,1979:87.

大部分来自政府,仅有少部分由使用者负担。

以上职业训练委员会和人力服务委员会下属的职业训练局,除对职业训练的活动负有调整的责任外,还负责对全国约半数尚未被纳入训练计划的产业部门,如公务、银行、保险、金融、海运、渔业等部门的在职人员进行职业训练,以及筹划具体职业训练计划。这种计划包括约 800 个种类的训练课程,参加培训的人数约为 8 万。以上这些课程大部分由职业训练局进行设计,并在全国约 70 所技能中心和继续教育学院中实施,少部分则直接放在企业内进行。技能中心的训练课程以工程技术、建筑和与汽车制造等有关的内容为主,商业和与一般事务有关的内容则主要在继续教育学院内教授。

(二)职业资格制度

在英国,除大学及学位授予组织(Council for National Academic Awards,CNAA)[①]颁发的学位和资格证书外,还有若干种得到认可,并且可以通用的职业资格证书。其中,历史最为悠久也最为传统的是 1878 年由伦敦市和同业工会创设的,1900 年经英国政府特许而获得法人资格的英国伦敦城市行业协会(City and Guilds of London Institute,CGLI)授予的职业资格证书。该证书主要授予对象为英国制造业和部分商业部门的在职员工和技术工人,每年约有 20 万人通过该组织的审定获得职业资格证书。这一资格证书不仅在英国国内通用,在国际上也获得承认。英国伦敦城市行业协会开设的课

---

① 1964 年经特许而设立,是对应于以课程为基准的高等教育制度而特设的全英最大的课程认定与学位授予机构。英国大部分非大学部门的学位均通过该机构取得。

程通常为半日制,并主要为年轻雇员提供脱产培训和夜间学习课程。

就英国伦敦城市行业协会的职业训练过程而言,一般职业需经过两个阶段的学习,而部分特殊职业需经过三个阶段的训练才能获得职业资格证书。英国伦敦城市行业协会实施的职业训练大致从16岁开始。第一阶段的学习约为两年,学习者大多在工作的同时,通过半工半读的形式在继续教育学院进行学习。第一阶段的学习终了后,会获得中途职业资格证书(intermediate certificate)。若在同样的条件下完成第二阶段为期两年的学习,即可获得最终职业资格证书(final certificate)。若在此后再完成至少一年的学习,则可获得完全技术者资格证书(full technological certificate)。在该职业训练范围内,完全技术者资格证书可看作具有教授级水平的证书。

取得职业资格证书,特别是完全技术者资格证书的第二条途径是全国职业资格考试。全国职业资格考试同样分为两个阶段。完成第一阶段的学习者经考试合格,可取得普通职业资格证书。完成第二阶段的学习者经考试合格,可获得高级资格证书。这两个职业资格证书分别对应于英国普通学校教育的中等教育第6级和大学的普通学位。此外,也有凭自身职业经验取得资格者。

以上有关职业训练和职业资格取得的制度始于20世纪20年代初,在第二次世界大战后得到进一步发展。长期以来,由于存在多种获取职业训练的途径,而且评价的标准并不统一,以至于在实际实施过程中,经常出现混乱的状况。为此,英国又分别在1972年和1974年专门设立技术教育审议会(Technician Education Council,TEC)和经营教育审议会(Business Education Council,BEC),对全国的技术考试和资格授予进行统一规划、调整与管理。1976年,经营教育审议会正式宣布建立一个由初级、中级、高级三个阶段组成的统一且一贯的职业资格考试与审核制度,以此代替以往不规范的旧制度。

总体而言,英国的职业教育和资格考试制度在经历20世纪70年代的一系列调整和改革后,已日趋健全。由此建立的统一的三级职业资格训练制度还与具体的职业实践紧密结合,为实现回归教育的理念创造了条件。

四、英国终身教育的未来展望和课题

在英国,"人的一生都应获得接受教育的机会"早就被社会视为人的权利。而且,就这一教育的实施来说,"与通过法令或社会舆论推行或促进相比,形成个人积极学习的自觉性更为重要"的看法也已成为共识。但是,由于深受经济发展迟缓和失业率上升的困扰,就学校后的教育而言,英国政府主要将注意集中于职业资格证书的获取和以职业技术教育、职业训练为中心的继续教育,对那些对人的成长和社区发展有重要意义的诸如青少年教育、成人教育等的重视不够,[1]甚至抱有消极的态度。在这一政策的影响下,众多青少年俱乐部被关闭,全国各地以提高教养水平和日常生活质量为主的成人学习和业余交流活动也因经费不足而陷入无法维持与运转的

---

[1] 主要指对成人实施的以提高教养和素质水平的教育。

困境。因此,从上述状况来看,要克服纯粹围绕经济发展而作出的短视决策造成的不良后果,当务之急是重新调整教育体制,建立以终身教育为核心的综合性教育制度。相较于其他先进国家,英国的青少年在义务教育结束后进入高一级学校的概率并不高(参见章末附录),所以,从另一侧面来看,如何进一步提高人们对教育的信赖感,以及如何进一步唤起人们对教育寄予的期待,无疑也是英国终身教育的重要课题。

附录:1983年英国义务教育终了后的在学状况[①]

16—19岁人口(2 492 000人)中:
- 中等学校在学者443 000人(17.8%)
- 高等教育机构在学者81 000人(3.3%)
- 继续教育机构(全日制、定时制等普通继续教育机构)在籍者520 000人(20.9%)
- 尚未接受继续教育的就业者718 000人(28.8%)
- 未就业者730 000人(29.3%),包括参加职业训练计划的青年未就业者230 000人。

---

① 日本生涯教育学会.生涯学习事典(增补版)[M].东京:东京书籍,1992:481.

第七章 法国终身教育的现状和展望

法国不仅在世界上首先提出并使用「终身教育」这一术语,而且是世界上第一个为继续教育立法的国家。它建立的「法国模式」被世界各国广泛借鉴和运用。

第一节　法国终身教育的发展历史

一、概况

早在 200 多年前的法国大革命时期,教育思想家孔多塞就提出了公教育制度的学校后继续教育应组织化和义务化的观点。受此观点影响,法国于 19 世纪初设立国立高等工艺学院,开始通过夜间定时制的方式,为成人提供最高水平的技术教育。至 19 世纪末,又开设面向劳动者的民众大学,活跃一时。第二次世界大战后,《郎之万—瓦隆教育改革方案》(*Plan Langevin-Wallon*)(1947 年)作为法国和欧洲各国教育改革基本原理的组成部分,首先依据社会的"正义原则",提出应对学校后继续教育进行扩充的建议。该改革方案设想对所有市民展开"通过终身的方式提供继续发展智力的、审美的、职业的、公民的和道德教养的可能性"的民众教育,并且指出展开这种民众教育的独特方法——从接受教育的成人的现实兴趣出发制定提升他们的能力的教育计划。这一改革方案的建议排除了过去一贯认为民众教育只能作为学校教育的补充的观点,同时也成为现代终身教育的一项重要共同原则。

在这之后,为实现《郎之万—瓦隆教育改革方案》的目标,法国又相继制定了许多改革方案。例如,1956 年的《贝莱伊尔教育部长方案》(正式名称为《关于延长义务教育年限和公共教育改革的法案》)首次使用"终身教育"这一术语,并对终身教育的具体目标和方法等作出明确说明。

1968年,法国以"五月革命"为契机,开始促进和推动以成人发展为目的的继续教育。这一促进活动也可以说是对法国以往存在的教育制度无视成人继续教育的现实作出的反省。相对其他欧洲国家,法国成人接受继续教育的机会极少,即使有也只是限定在企业教育的范围内。因此,为了对这一陈旧的教育制度进行改革,法国从1968年起开始为构建职业继续教育的体系而努力。最终,1971年7月16日,法国国民议会通过并制定了《终身职业教育法》(正式名称为《关于终身教育的范围内有关继续职业教育组织的法律》)。

法国的《终身职业教育法》是一部较为完善的成人教育法,不仅明确了继续教育在国民教育体系中的作用和地位,而且就一些相关政策作了具体规定。例如,《终身职业教育法》规定雇员享有"带薪学习假期"的权利。又如,明确规定由企业和国家共同承担雇员接受职业继续教育所需的经费,等等。

继《终身职业教育法》的制定,法国国民议会又于1984年2月24日通过新的《职业继续教育法》。这部法案的重点是对《终身职业教育法》中有关"带薪参加学习和接受培训的假期"问题作出若干限制性的补充规定。例如,为了照顾企业主的权益,规定雇员参加培训的时间为全日制不得超过一年,部分时间的培训累计不得超过1 200小时。其次,参加培训的雇员必须在本行业至少工作24个月,在企业应当工作6个月以上,同时参加培训的人数不得超过本企业职工总数的20%。

该法还增加了若干青年职业培训方面的条款,相关内容被列入《劳动法典》第四章。

纵观法国终身教育的发展过程,法国不仅在世界上首先提出并使用"终身教育"术语,而且是世界上第一个为继续教育立法的国家。它建立的一整套严密而科学的管理体制,以及逐步制定的有关终身教育、继续教育的法规,也被世界上众多国家称为"法国模式"进行广泛借鉴和运用。从这一角度来看,法国的经验无疑为世界终身教育事业的发展作出了宝贵贡献。

二、法国终身教育的开展

(一)对终身教育概念的理解

从法国终身教育的发展历史及其过程来看,其对终身教育概念的解释大致包括广义和狭义的三条定义。第一条是终身教育意味着所有国民通过自己的一生进行的所有教育和学习活动。第二条是终身教育意味着学校教育终了后继续教育的全体。第三条是终身教育意味着学校教育后的继续职业教育。在法国,就通常对终身教育理念的理解来说,主要指第一条,但在法制层面,更多指第二条和第三条。

(二)关于学前教育的条件保障

如上所述,法国认可"终身教育应从人的诞生之初即开始"的观点,因而在学前教育的条件创造和保障方面作出了一系列卓有成效的努力。例如,法律规定父亲或母亲在孩子满2周岁前,可享受教育休假(育儿假)。根据同一法律,法国的地区行政机构有义务为2周岁以上6周岁以下的孩子设立保育学校,以切实实施"幼保一体化"的学前教育体制。孩子满6周岁后,直至16周岁,由国家实施完全的义务教育。换言之,法国已在实际上实现"终身教育应从人的诞生之初即开始"的教育理想,并在法律上予以确切保障。

(三)关于学校制度的终身教育体系化

学校教育作为终身教育的重要基础之一,应如何尽快适应时代变革和终身教育化的需要?对此,法国政府和教育行政机构也作出了一系列的努力。具体而言,这一改革成果反映在以下五个方面。

(1)确立学生是学习的主体。为体现学生学习的自主性,学校特别设置了学生自主学习时间,并且同意让学生参与学校的运作管理。

(2)为促进学生身心的全面发展,学校开始编制均衡性教育课程。尤其注重学生终身学习所需基础学力的培养,以及学生表现能力的形成。

(3)在教育方法上,大量采用讨论、观察、调查、实验、实习等以学生为主体的学习活动。

(4)为切实加强学校与社区的联系,促进学生的实际生活与学校学习、教育活动相结合,学校通过地方新闻的教材化,以及校外学习、企业实习等方法加强学校与社区的交流和联系。

(5)积极开展回归教育,鼓励校外成人,包括本校毕业生在内,返回学校学习。

(四)关于民众教育的开展

在法国,与"社会教育"意义相近的概念是"民众教育"。

这一以社会成人为对象,以提高成人的教养和素质水平为目的的社会公众教育在法国已有很长的历史,而且众多的公立、私立机构和团体,为推动社会民众的业余学习、文化活动、体育活动的开展,提高余暇生活质量,开展了丰富多彩的教育活动。特别是随着社会各界对"学校外终身教育"这一重要领域的认识逐渐充分,加之公共教育设施的建设和扩充,参加者人数急速增加。其中,特别引人注目的是青少年文化馆的建设,以及民众教育专门管理人员的培养和配备。这使学校外教育的开展不仅有了场所,而且在管理上有了充分的保障。法国的青少年文化馆与中国的文化馆十分类似,只是在功能上更注重充实教育内容。青少年文化馆属于地区性公共教育设施,采取会员制形式。这类设施的管理人员均由政府负责配备。据1985年的统计,法国约有1 200所青少年文化馆,登记注册的会员人数达100万以上。

第二节 法国的继续职业教育制度

一、法国《终身职业教育法》的制定及意义

1971年7月16日,法国国民议会通过了《关于终身教育的范围内有关继续职业教育组织的法律》(以下简称《终身职业教育法》)。这一法律的制定不仅标志着法国以劳动者为中心的新教育制度的确立,而且表明法国终身教育开始进入飞速发展时期。

《终身职业教育法》的重要意义主要体现在两个方面:一是建立了"1%事业"制度;二是确立了带薪教育休假制度。以下就这两项制度的实施情况略作介绍。

(一)"1％事业"的由来与实施

《终身职业教育法》规定,凡雇员在 10 名以上的企业,必须缴纳上一年度职工总工资的 1％作为职业教育的经费(该比例在 1972 年为 0.8％,后上升至 1％,1976 年时已为 1.1％)。这是《终身职业教育法》规定的企业必须履行的一项义务。于是,由企业出资开展的终身职业教育事业,也就通称为"1％事业"。实际上,企业出资的具体额度通常会视企业的规模大小而有所不同,如大企业的出资比例往往比一般的小企业来得高。当然,这一缴纳比例并不由企业经营者一方随意决定,而是依法律规定,由人数相等的经营者代表和雇员代表组成"企业协议会"共同决定。

就法国各企业履行该法的具体情况看,在规定基准水平以上投入资金支持劳动者开展职业教育的企业总计约 34 000 家。这一统计数字约占法国企业总数的 32％。就雇员人数而言,参与职业教育的雇员约占总雇员人数的 75％。换言之,几乎所有大企业都严格履行了这一法律规定,而且其缴纳的资金超过了法律规定的基准。在剩下的约 29 000 家企业中,即占总数约 28％的企业大致按法律规定的基准投入资金用于支持职业教育。这些企业的雇员人数加起来约占总雇员人数的 18％。最后剩下的约 43 000 家企业未按法律规定的基准投入资金,它们多为中小企业。

(二)带薪教育休假制度的建立与实施

《终身职业教育法》的另一成果是创设了带薪教育休假制度。这一制度的内容大致有以下六项。

（1）凡工作期限在 2 年以上的雇员，退休前均享有合计 1 200 小时（相当于一个工作年）的带薪教育休假的权利。

（2）雇员第二次申请带薪教育休假，必须与第一次带薪教育休假间隔一定时间，具体间隔时间将视第一次休假时间的长短而有所不同，但最短间隔时间应在 6 个月以上 8 年之内。

（3）雇员可自由选择教育训练内容，与自身职业或劳动生活无关的教育课程也可以选择。

（4）所有申请参加的课程都必须得到政府承认。政府认可的课程范围非常广泛，并不限定必须由公立教育机构实施，私立机构也可实施。为了使认可手续简便化，四类部门举办的教育训练课程均自动得到政府认可，具体包括：① 公立学校实施的课程；② 失业对策局（Association pour la Formation Professionnelle des Adultes，AFPA）、劳动部、雇佣部、人口部下辖训练中心实施的课程；③ 商工会所等机构举办的课程；④ 得到政府承认的、为培养训练指导员的教育课程。

（5）就企业来说，如果申请教育休假的人数超过全体雇员的 2%，可以拒绝雇员申请；如果一年之内，因教育休假损失的劳动时间超过该年总劳动时间的 2%，也可对雇员的申请予以拒绝；在教育休假被认为有可能使生产出现重大障碍的情况下，经劳资双方协商，企业同样可拒绝雇员的申请。

（6）休假时间在 6 个月以内的，申请须提前 30 天提出；若休假时间超过 6 个月，则申请须提前 60 天提出。企业必须在雇员提出申请后的 10 天内作出批准与否的决定。

虽然法国《终身职业教育法》明确规定了带薪教育休假制

度,但从实际执行情况来看,由于教育内容、实施场所、带薪条件、申请手续等存在一系列问题,这一法律规定的权利仍难免陷入一种名不符实的困难境地。为此,在雇员一方的批判与要求声中,经劳资双方长期协商,《终身职业教育法》的有关条款于1978年和1984年相继得到补充与修正。修改后的新法规定:

(1) 带薪教育休假制度活动的内容指所有雇员在其职业生涯期间,以自己的意愿为中心,凭个人的资格参加的教育学习活动,而不是所在企业规定的教育计划中包含的研修。

(2) 企业为实现以上条款规定的内容,每年须从职工总工资中支出0.1%的金额作为教育基金。

(3) 教育基金的使用,应由国家认定的、劳资双方代表(同等人数)构成的调停机构执行。

(4) 教育基金的主要用途包括支付提出申请的职工在带薪教育休假期间的工资、社会保险和教育费等。

法国的带薪教育休假制度虽早已得到法律认定,而且经历多次修改,但从实施的情况来看,仍不够充分和完备。尤其是关于带薪教育休假期间工资和教育训练经费究竟应由谁主要承担,以及如何承担,仍存在诸多意见。换言之,规定的不明确致使该制度在实际应用过程中显示出利用率低下的倾向。

二、法国继续教育实施的主要组织

(一) 法国继续教育实施的特有组织——地区高等中学群

法国促进继续教育的方针,大约于1970—1971年间提出,但其中具体就设置实施继续教育机构的建议并未在当时得到采纳。换言之,法国当时并未作出专门设置实施成人继续教育机构的决定,仅采取在既存教育制度中更具体地强调责任分担的方法。究其原因,是既存教育制度对成人劳动者采取的基本是闭锁的政策,因此原教育体制下的教育工作者对成人教育大都持漠不关心的态度。

为了对既存教育制度进行反省和修正,大力促进成人继续教育的开展,法国以原有的地区性教育体系为基础,新建了一个特别组织——高等中学群(Groupement d'Etablissement, GRETA)。具体而言,政府在同一地区的各种学校中(以中学为主),选择10所左右愿意为开展继续教育提供协助的学校组成一个高等中学群。而每一个高等中学群又在继续教育专门顾问的计划和指导下,为本地区成人继续教育的需要和发展提供人力、物质与设备资源方面的援助。据1984年的有关资料统计,法国当时已建立约400个高等中学群体,参与的地区学校共有5 000余所,为此提供继续教育专门指导的顾问人员有1 200余人。

此外,为了对以上高等中学群的具体运作提供帮助,法国政府还成立了两个以所在地区大学等学术机构为主的专门机构:一个是继续教育专门委员会(Délégation Académique à la Formation Continue, DAFCO),另一个是继续教育专门中心(Centre Académique de Formation Continue, CAFOC)。继续教育专门委员会作为所在地区的运营主体对该地区进行的继续教育活动负全部责任,该委员会的主任由大学等学术机构的行政主管担任。继续教育专门中心则主要负责开发各高等中学群的继续教育计划,承担为继续教育培养和训练教育指导者的任务。由于以上组织不属于为成人继续教育专门设立的机构,因此,各高等中学群开展的活动一般由其构成学校的教职员工利用正常工作以外的时间进行。

在继续教育专门委员会和继续教育专门中心之上,还有属于政府教育部管辖的终身教育开发机构(Association pour le Développement de l'Education Permanente,ADEP),其任务是预测、分析和研究全国继续教育的需求状况,对继续教育的具体实施进行理论与实践方面的指导、咨询、实验和评价等。

以巴黎中央区为例,高等中学群开展的成人继续教育活动大致有以下十项:(1)为移民劳动者提供教育训练课程(如法语训练、文章写作指导、职业教育等);(2)为市民提供一般教养教育课程(如法语、历史、地理、数学、应用科学等);(3)外语讲座(如英语、德语、西班牙语、俄语等);(4)一般体育训练课程(如柔道、游泳等);(5)商业实务课程(如打字、速记、秘书业务、簿记等);(6)经济法律类课程(如劳动法、商业法、企业经济等);(7)家政类课程(如服饰、烹饪等);(8)技术类讲座(如机械技术、木工技术、情报处理);(9)手工业技术(如贵金属加工、皮革加工);(10)应用艺术(如造型、服装设计、织物加工),等等。

(二)法国国立高等工艺学院的建立与发展

国立高等工艺学院(Conservatoire National des Arts et Métiers,CNAM)是法国历史最为悠久的业余高等技术教育和社会培训机构,成立于1794年,校址位于巴黎市中心。该机构最初也被称为"国立工艺博物馆",主要用来陈列工艺品和以讲解的方式向全国介绍新机器、新技术和新工艺，后逐步发展成专门以成人为对象，设有从工程到经济管理近400门课程，在全球100多个城市开设51个合作教育中心、150所分校，拥有23个实验室和3个研究所的综合理工学院。

　　该学院的特点之一是招收学生不需入学考试，也不附加任何入学条件，入学的唯一资格要求是具有一定的职业经验。换言之，国立高等工艺学院的培养目标是为接受过一定程度职业训练的成人提供进一步提高技术和技能水平的机会。为便于社会成人学习，该校的教学一般放在夜间进行，但也有日间的授课。参加学习的学生年龄以25—29岁为主，原有学历水平的分布也参差不齐。一般而言，公立高等中学、中等职业学校毕业生和修完初等阶段职业教育的学生各占30%左右，大学毕业生占比较少，仅约7%。从职业成分的构成比例来看，约81%的学习者为企业内中层干部和骨干（如车间主任等），一般劳动者只占9%左右。

　　根据以上构成比例分析，大部分入学者通常具有中等以上的学历，在职业资格方面也以中层管理者为主。因此，国立高等工艺学院虽没有严格的入学限制，但由于入学后的平均教育水平较高，再加上学习者大都怀有强烈的求知欲，因此教学计划大多能顺利完成。国立高等工艺学院的教学内容基本以职业教育为中心，其他诸如人文类的课程，如社会学、心理学、人类科学等，作为扩大成人学习者知识面的工具，也在讲授之列。国立高等工艺学院的教师大多由具有实际职业经验和卓越指导能力的专业人员担任，在资格方面并未设置特别的任用条件。

第三节　法国终身教育的未来展望和课题

1983年以来，由于地方分权化的加速进行，终身教育的发展已成为地方行政的一个中心任务予以开展。原大学区继续教育专门委员会也改由终身教育行政所接替。特别是国立终身教育开发公团、终身教育情报开发中心、国立教育·职业情报局等研究与情报机构相继建立，在为地方行政机构和普通民众提供有关终身教育的情报方面发挥出切实的作用。它们在推动法国终身教育的进一步普及与发展方面作出的贡献，引起了各方的关注。

尽管法国政府在促进终身教育的开展方面付出了很大努力，也在终身教育理念的指引下，为推动成人继续教育的发展倾注了巨大心血，但在实现劳动者的教育权保障和终身教育理念的全面普及等方面仍存在众多有待解决的课题。例如，围绕终身教育理念展开的，劳资之间因各自立场的不同而在理解和执行有关法规的过程中出现的对立与分歧。再以带薪教育休假制度为例，这一由法国劳动者（其代表组织为法国劳动总同盟）经多方努力，与资本家进行长期交涉而争取来的教育权利，尽管得到法律的明文规定，但从多年来的执行情况看，仍大有名存实亡的危险。虽然导致这一结果的原因是多方面的，但根本在于，这一原本是为了劳动者继续教育的实施需要而建立起来的制度，最终变为有利于资本家的工具。换言之，只有资本家一方认为雇员申请参加的教育进修内容对企业有利，或雇员选择的教育休假时机适合企业时，申请才有可能获得批准,否则在社会失业问题日益严重的情况下,申请休假的雇员一旦离开工作岗位便极有可能面临失业的风险。因此,从这一状况来看,当初作为劳动者的自我解放和人权的一部分而建立起来的这一制度,在实际执行过程中只被限定在"使劳动者适应技术革新的需要"这样一个狭隘的、功利的范围之内。这种事与愿违的事实,无疑引起了众多劳动者的极度不满。他们认为当初经过艰苦努力争取来的权利,"在无形中被什么其他的东西替代了","甚至这一原本代表劳动者权利的继续教育制度,在实际开展过程中竟演变为资本家可利用的手段"。①

  法国终身教育面临的又一课题是,迄今为止进行的成人继续教育,基本上都是以职业教育为中心而展开的。虽然职业教育在解决社会的失业率和改善受教育不均等方面能起到一定作用,但究其根本,仍只是一种手段而非目的。若以现代终身教育的基本理念——建立一个人人都以自觉和自发的学习目的为基点追求建立学习社会的目标来衡量,那么法国的制度虽先进,但在具体实践方面,仍有一段艰苦和漫长的路要走。

---

  ① 日本国际交流中心.生涯教育的现状和课题[M].东京:综合研究开发机构,1980:103.

第八章 德国终身教育的发展状况

推行教育社会化的德国正以其实干的精神和重视教育的传统,为终身教育在本国的发展和普及描绘出一幅灿烂的画卷。

第一节　德国终身教育的现状

德国是一个推行教育社会化的国家。以成人为对象并为之提供学习机会的主体多种多样,内容也丰富多彩。然而,德国在终身教育理论方面的研究成果较少,因此,若要对德国终身教育的开展状况作一简单评述,似乎可以用"观念贫乏,实践丰富"来概括。德国有关终身教育理念研究的论文或专著不多,但终身教育的实践并不贫乏。实际上,德国正是以其实干的精神和重视教育的传统,为终身教育在本国的发展和普及描绘出一幅灿烂的画卷。

第二次世界大战后的德国,在教育与文化行政这两个领域发挥的只是协调和援助的作用,并不能予以强制干涉。这一方面使德国的教育制度呈现出各具特色的地方个性,另一方面也暴露出国家整体教育制度在统一性方面的欠缺。为此,德国曾作出一系列努力,试图克服这方面的缺陷。例如,1959年制定《关于学校制度的改革和统一的综合计划》;又如,1960年发表《对成人教育的劝告书》,规定"自由和自主的成人教育与学校教育一样,是国家公共教育制度的一部分";1969年,德国又对《基本法》进行修正,修正的重点即突出强调联邦政府对教育政策的决策权,为此还首次在政府机构中设立教育部。此后,德国的国家教育计划过于分散的倾向有了一定改善,中央与各州间的关系也朝着更为协调、统一和综合的方向发展。

德国政府的方针是,对迄今为止提供成人教育的各机构具有的历史传统性予以充分尊重,在此基础上为它们更自由地开展多样性的教育活动提供支持。例如,联邦及各州教育计划委员会发表于1973年的《教育综合计划书》,即对推行上述方针的重要性作了强调。该计划书指出:"有效的继续教育体系的形成和促进,必须以既存的体系为出发点。此外,基于公共制度的责任,有必要扩大教育训练的课程范围。对引入教育休假制度引起的对继续教育的需求增加的可能性予以必要的考虑尤为重要。"如上述计划书的内容所示,德国终身教育(更多称"继续教育")的基本政策是,对继续教育的多元性和既存的传统予以充分重视,并在此基础上谋求进一步发展。

德国促进终身教育(继续教育)的具体措施主要有三个方面:一是"第二条教育道路"的实施和扩充;二是带薪教育休假制度的导入;三是对接受继续教育的人员给予经济方面的资助等。以下就这些具体措施分别予以介绍和评述。

(一)"第二条教育道路"的实施和扩充

"第二条教育道路"指成人在进入职业生活后,若希望接受继续教育,社会将为他们提供直至大学程度的课程。

在具体介绍该项举措之前,我们不妨先对德国的学校制度作一些简略的说明。在德国,要进入传统高等教育机构(大学)学习,在修完小学4年学业后(也有部分学生从六年级起),必须进入被称为"完全中学"的学校。这是德国专门为准备考大学的学生设立的一种具有大学预科性质的一贯制学校,其修学年限为8—9年。换言之,若在小学四年级或六年级毕业后未能及时进入完全中学便意味着完全丧失升入高等教育机构的机会。因此,德国的儿童都将进入完全中学视为将来升入大学必须具备的绝对条件。由此看来,如果在义务教育期间或结束后(德国实施6—18岁的12年制义务教育)不进入完全中学而选择职业学校或决定就业,便意味着从此以后将再不能进入高等教育领域深造。这种独木桥式的教育体系曾在第二次世界大战结束后受到强烈批评。社会舆论认为,即使是已经工作了的成人,也应为其开放通向高等教育的通道。在这一舆论呼声的直接影响下,上述"第二条教育道路"的改革构想酝酿诞生了。

上述构想的具体实施方法有以下六点。

(1)根据德国公民大部分在结束义务教育的同时开始职业生活的状况,为这些已就职的社会人提供能继续接受高等教育的机会。具体途径是尝试将职业教育与普通高等教育衔接,即以进入职业高级学校为跳板,取得大学入学考试的资格。

(2)职业高级学校入学需至少具有6个月的一般职业学校学习经历。

(3)教学形式大多采用定时制,即利用夜间或周末的业余时间进行。

(4)学生每周上课10—12小时,经过3年或3年半的学习并通过专门学校结业证书考试,即可取得与普通学校颁发的中等学校毕业证书相同的资格。

(5)在取得以上资格后,还需进入专门上级学校接受2年左右的全日制教育(第一年以职业教育为中心,第二年以基础理论教育为主)。

(6) 主修完专门上级学校的规定课程,且结业考试成绩合格,即取得升入高等教育机构的资格。

简言之,"第二条教育道路"即一条通过系列在职教育学习,获取进入正规大学资格的途径。这一改革构想自实行以来,受到德国社会的广泛欢迎。它开辟出一条职业教育与学校教育相通的升学途径,使众多已选择职业生活的学生不但能根据自己的意愿重返学校,而且在付出一定努力后,可升入大学的对口领域学习。

除了上述通过职业学校的途径获得升学机会,德国还有一种专门的夜间大学预科教育。这类夜间大学预科教育与普通大学预科教育具有同等功效,因而也能为所有社会人提供高考预备教育。因此,凡因各种理由而未能取得学校教育毕业资格的社会人,都可在这类教育中再度通过学习获取大学入学考试资格。以下即对这类教育再略作介绍。

(1) 夜间大学预科教育。招收对象为19岁以上的成人,并且已通过职业教育的系统学习,或具有3年以上的职业经验。它提供的是夜间教育课程,学习的目的在于获取大学预科的毕业证书(考大学必需的资格证明)。经过最少3年的夜间大学预科教育正规课程学习,即可参加大学预科的毕业考试,但在进入正规课程学习之前,还须先进行半年左右的预备班学习。据统计,每年接受这类预科教育的学生数约为15 000名。

(2) 全日制预科教育。这一教育课程的设置目的与夜间大学预科教育相同,只是教学形式为全日制,在学期间需要脱产。招收对象为19岁以上的成人,原则上要求已从职业学校毕业。在学期限为5年,经考试合格即获取大学入学考试资格。这类教育课程的在学者每年约有11 000名。

以上介绍的是社会人在选择职业生活的同时,仍可通过"第二条教育道路"实现继续学习和深造的目的。值得注意的是,德国并不像欧洲其他国家那样(如瑞典),在中等教育的后期阶段采取综合化的措施,即设立综合制高中,实施普通教育和职业教育的并轨,而是在以往普通教育和职业教育各自独立的教育体系基础上,大胆采用接轨的方法,即通过"第二条教育道路"的形式,拓宽通向高等教育的"独木桥"。这一前无古人的做法无疑具有相当重要的社会意义。它实际上是将回归教育的理念付诸实践,即在"学习—劳动—学习"和"学校教育—职业教育—职业生活—学校教育"间构筑起一条相互沟通的途径。可以说,这也是传统学校教育为适应社会变革和个人需要而作出的一项重要改革。

(二)带薪教育休假制度

1. 根据州法律规定实施的教育休假

同欧洲其他发达国家一样,德国也是一个拥有带薪教育休假制度的国家。1990年前,柏林、汉堡、黑森州、不来梅、尼达萨柯森五州已率先就教育休假问题制定了州法律。其中,柏林在1970年即开始实施,而汉堡、不来梅等州在1974年起实行。对于享有此假的年龄限制,各州的规定不一。柏林限制在21岁以下,黑森州限定在25岁以下,其他各州则无限制。关于带薪教育休假的期限,汉堡、黑森州和不来梅三州规定每2年可休教育假10天,柏林、尼达萨柯森两州则规定每年可休教育假 10 天。至于休教育假期间的学习内容,一般不限定于职业教育,其他领域的教育也在可选之列。不过,并非所有的教育机构和课程都能选择,只有州政府认可的教育机构和课程能被选择,教育课程的认可一般由各州教育局自行主持实施。

但是调查统计的资料表明,带薪教育休假制度的利用率极其低下。以汉堡为例,其利用率仅为 0.3%—0.4%,其他各州的平均利用率也仅在 0.5%—5% 之间。换言之,德国的劳动者队伍中,利用上述制度参加继续教育的人数仅占劳动者总数的 5% 不到。[1] 利用率低下的原因十分复杂,一般而言大致分为以下四类:(1)信息、资料的欠缺。有关学习机会的信息未能及时或充分地传达给劳动者。(2)学费由个人承担。休教育假期间虽有工资保障,但学费仍需个人承担,因此只有学习积极性非常高或必须学习的人才会利用这一制度。(3)企业不能圆满地解决休假者缺位顶岗的调整工作。由于劳动者享受教育休假时,存在工作上的交接问题,因此无论是企业还是劳动者个人都希望避开这类麻烦。(4)对劳动者具有吸引力或有一定意义的教育课程开发不够,引不起劳动者的学习兴趣。

在德国,对推行这一制度持积极态度的要数德国工会联合会(Deutscher Gewerkschaftsbund,DGB)。该组织站在劳动者的立场,从 1963 年起即要求制定有关带薪教育休假制

---

[1] 日本国际交流中心.生涯教育的现状和课题[M].东京:综合研究开发机构,1981:119.

度的法律，并提出每年给予劳动者12天的学习假是必要的。与此相对的雇主一方，自然对此制度持消极态度。它们认为，如果要实施带薪教育休假制度，那么学习内容至少必须限定在与工作有关的职业训练方面。联邦政府对此制度的法制化问题，最初也并不积极，直至1969年新政府成立后，教育休假制度的实施才被列为政府的一项政策目标予以积极推行。1973年，联邦政府与各州间签订了一项有关"教育整体计划"的协定，带薪教育休假制度的立法化程序才在一些州正式展开。

2. 根据劳动协议实施的教育休假

除上述5个州制定有实施带薪教育休假制度的法律规定外，一些企业在独立制定的劳动协议中也规定有教育休假条款。截至1977年的统计，共有204个劳动协议对教育休假的保障事项作了规定，根据协议，可利用教育休假的劳动者约为280万人。[1] 他们大约占德国全体劳动者总数的14%（国家公务人员除外），而其中的25%左右又以经营协议会的成员和劳动工会的工作人员为主要对象，余下的才为一般的企业劳动者。劳动协议规定的教育休假的学习内容一般限定在职业教育和工会教育的范围之内，并且约有半数的人在休假期间工资不能得到切实保证。

以下就经营协议会成员的教育训练问题略作介绍。在20世纪60年代末至70年代初，德国的劳动者为了维护自身利

---

[1] 日本国际交流中心.生涯教育的现状和课题[M].东京：综合研究开发机构，1981：120.

益,积极要求改善社会经济地位。1969年9月,诺尔特莱茵州庐鲁工业地区的矿工,以企业利润增加工资却未有提高为由突然发起15万人参与的大罢工。这一由工资问题引发的政治危机(史称"九月危机")直接导致旧政府下台。经总选举产生的社会民主党新政府承诺保障劳动者的权益,并推行民主政策,其中主要的一项即设立合议制形式的由企业主、职员和工人三方代表共同组成的经营协议会,这一制度尔后又被纳入修订的《经营组织法》中。1972年修订的《经营组织法》规定,凡雇员超过5名且年龄在18岁以上的企业,必须设立经营协议会。经营协议会的工人代表在从业人员中通过投票选举产生,任期3年。任期内,其活动经费均由企业负担。协议会成员的主要任务是就以下五个方面与企业进行交涉:(1)工资、劳动规则、福利卫生;(2)岗位的构成、生产过程;(3)有关人事的事项;(4)职业教育;(5)经济和管理领域。由于担当这一职务的人必须具有一定的知识和经验,因此经常接受继续教育不仅必须而且十分重要。为了确保他们的学习机会,在上述利用教育休假的对象中,考虑为经营协议会成员留有25%的参与位置,就是根据这一精神制定的。

(三)对个人施以继续教育援助的方式

在德国,对继续教育施以援助的方式,除上述带薪教育休假制度外,还有通过经济手段对个人给予经济援助的方式。经济援助主要通过发放奖学金的形式来实现。1971年制定的《联邦教育训练促进法》规定,个人参加继续教育均可依据此法申请奖学金。申请的时限是,自义务教育结束之时起至35岁止。奖学金数额因个人的情况而有所区别。例如,夜间大学预科教育每月可获 550 马克，职业上级学校每月可获 530 马克，职业专门学校每月可获 440 马克，大学和艺术大学则均为每月 580 马克。这一奖学金的发放，原则上只限于中等继续教育的阶段，如果是接受高等继续教育，则采取资助和借贷相结合的方法。有关统计资料表明，每年共有 80 余万人通过奖学金的形式获取经济资助，其中约 80％为不满 25 岁的年轻人。而从接受继续教育的类别来看，又以综合大学、艺术大学和专门大学的在学成人的获取比例为最高（约为 50％），其次为夜间大学预科教育的在学者（约为 21％）。

第二节　德国终身教育的实施机构

在德国，为社会人提供学习机会的机构和方式多种多样，但规模最大也最受人重视的，莫过于被称为"国民高等学校"的成人教育机构。[①] 国民高等学校提供的学习内容极其丰富，不仅包括一般教养教育，而且提供只在专门学校才能习得的技艺课程。略显夸张地说，它开设的讲座和课程包罗万象，极大地满足了社区居民的学习需要。此外，还有一些规模较小但同样十分活跃的成人教育机构。

一、国民高等学校（市民大学）

国民高等学校以成人为主要对象，提供各种各样的学习

[①] 国民高等学校也称"市民大学"，有些类似日本的社会教育设施——公民馆，只是提供的活动内容更广泛。

机会。它提供的课程内容极其丰富,而且部分课程具有与夜间大学预科教育相同的功能,即与学校教育毕业资格的取得联系在一起。此外,国民高等学校还有授予职业资格的课程。截至 1977 年,德国当时有 4 700 余所国民高等学校,提供的各类讲座和课程合计 22.6 万余个,参加人数则达 340.44 万人之多。① 单从这一数字来看(当时全德国的人口约为 6 000 万,而参加学习的人数已占其总人口的 7%),称国民高等学校为"德国终身教育中心"也毫不过分。以卡赛尔市中心的国民高等学校为例,该校规定每 15 个星期为一学期,提供的课程包括社会、政治、哲学、教育、心理学、艺术、乡土学、自然科学、技术、经营、商业实务、外语、手工、音乐、家政、保健卫生,以及为升学和为老人提供的专门课程等几百种。学费以学期计,一学期选修一门课程为 36 马克(外语、经营、商业实务等为 42 马克)。据有关资料统计,这类课程中最受欢迎的是外语,选修比例约占全体听讲者的 33%;其他依次为家政、医疗方面的课程(15%),经济、簿记方面的课程(10%),为参加学校教育升学考试作准备的课程(8%),一般教养、家庭生活的课程(6%),自然科学和数学方面的课程(5%),政治社会方面的课程(3%),以及艺术、手工方面的课程(2%)等。国民高等学校也提供学历证书课程,即参加者若系统地修完某一学科的课程,经考试合格,可获取学校颁发的证书。不过,就实际状况而言,为获取证书前来就学的人数仅占全体学习者的十分之

---

① 日本国际交流中心.生涯教育的现状和课题[M].东京:综合研究开发机构,1981:121.

一左右。换言之,学校的学习者更多是出于个人兴趣,或为追求实际的技术和才能而参加学习。至于国民高等学校的财政开支,虽然联邦政府只负担其中的 7.5%(个人负担的部分为 34.1%,地方公共团体援助的部分占 58.4%),但据 1982 年的统计,当年联邦政府仅在支援国民高等学校上就支出了 6 亿 6 700 马克,几乎相当于每个德国公民获得了 10 马克的补助。而与此相对照的是,上述这笔巨款还不到德国国民教育经费的 1%。①

二、寄宿制国民高等学校

寄宿制国民高等学校是以住宿制的形式,旨在加深学员对政治、社会的认识,以及自我价值的发现等而设立的成人教育机构。在这类学校中,还有一部分以培养社会工作者为目标,开设职业训练课程。这类寄宿制国民高等学校约有 100 所,其中大部分由教会创设,管理和运作也由教会承担。

三、其他类型的成人教育机构

(1) 农村成人教育组织。这是以教会等团体或组织为主体,以生活在农村的成人为对象,提供各种以农村地区自发学习为主要形式的教育机会的组织。

(2) 教会实施的继续教育。德国是一个宗教盛行的国

---

① 日本生涯教育学会.生涯学习事典(增补版)[M].东京:东京书籍,1992:486.

家,为了向信教者实施神学和哲学方面的教育,解决信教者遭遇的家庭和婚姻问题,天主教和新基督教两大主要教会均向当地居民提供继续教育方面的学习机会。

(3)家庭教育设施。这是由教会和城镇的其他团体设置的一种教育机构。其内容以教育问题、医疗问题为中心,涉及料理(烹饪)、缝纫等与家庭生活有关的学习领域。

(4)福利机构提供的学习机会。由德国红十字会等实施,以非常情况下提供紧急援助等为课程内容。

(5)德国工会联合会提供的学习机会。德国工会联合会本部及其下属的16个支部,在德国共开设270个课程,课程内容均围绕有关劳动工会活动的主题,涉及经济政策、社会政策、劳动政策、教育政策和工会活动等。实施对象包括非工会会员的一般成人。

(6)德国职员工会提供的学习活动。面向的对象和提供的学习内容基本与上述德国工会联合会提供的教育机会类似,但学习内容更突出一般教养教育和政治教育。

(7)工业经营者联合会提供的学习机会。工业经营者联合会以往主要提供与职业教育有关的学习机会和训练活动,但也开始转向举办有关经济政策和社会政策的演讲会与讲座等。

(8)消费者工会提供的学习机会。该组织从保护消费者利益的立场出发,定期开展面向消费者的教育活动。

(9)私立学校和研究机构提供的学习机会。主要提供职业教育,其中包括外国语课程等一般教育的内容。

(10)大学提供的学习机会。根据德国《高等教育大纲法》规定,大学有义务积极参与继续教育的活动,但这类由大学参与的继续教育活动并不活跃。其提供方式主要表现为,在一些大学中成立校外讲座中心和继续教育中心,并通过这些机构实施成人教育和继续教育计划。开设的讲座种类包括:劳动科学入门(为各企业的经营协议会成员举办的专门讲座)、社会工作者讲座、劳动法入门、为企业内教育担当者举办的训练讲座、为地区社会继续教育担当者举办的训练讲座、为老人举办的专门知识讲座等。讲座的主讲者均为各大学的教授或各领域的专家。

(11)函授大学。自1975年德国首次设立函授大学以来,这一远距离成人教育形式随即在全国展开。函授大学开设的课程主要以数学、教育学、经济学和法学为主。教学方法主要是函授指导、录音带和录像带的使用等。函授大学的课程形式分全日制(与大学教育相同,通过国家考试后可获取学位)、定时制(与职业生活并行,通过一定阶段的系统学习,可获取各种资格证书)和讲座制(通过个别的讲座学习某一领域的专门知识,学习结束后可获单科证明)。

(12)通讯教育机构。德国目前拥有140所商业性通讯教育机构,主要以职业教育内容为主。1977年制定的《通讯教育保护法》规定,商业性通讯教育必须经过"通讯教育中心"的认可。至20世纪末时,经认可的课程门类已有96个。

(13)广播、电视教育。这是指开设广播电视教育讲座,通过专门频道定时放送教育节目。

(14)各政党实施的政治教育。德国的各个政党均拥有自己的财团,这些财团面向一般大众实施政治教育。例如,社会民主党、自由民主党、基督教民主同盟等,均通过各自的财团面向社会开展政治教育。

(15)联邦政治教育中心实施的政治教育。这一中心隶属联邦政府内务部,受联邦议会议员组成的评议会监督,任务是促进国民对政治的关心,提高国民的民主意识。其实施的教育活动主要通过举办演讲会、制作幻灯片、出版书刊等方式展开。

第三节 德国职业继续教育的实施机构及对个人的援助

一、职业继续教育的实施机构

在德国,实施一般继续教育的机构种类极其多样,实施专门职业继续教育的机构种类也十分多元。这种多元化形式的提倡和维持体现了德国重视和积极发展继续教育的基本方针。联邦政府和各州教育计划委员会制定的"教育综合计划"中也反映出上述观点:"对于存在于民间的各实施机构,应根据自身的不同功能,为社会提供继续教育课程。它在编制上具有与公共教育机构对等的地位,因此还可以接受公共教育制度方面的援助。"[①]

德国实施职业继续教育的专门机构大致包括四类:一是实施一般职业教育的学校,如专门学校、技术学校等;二是商

---

① 日本国际交流中心.生涯教育的现状和课题[M].东京:综合研究开发机构,1981:128.

业性继续教育机构;三是劳动工会和经营者工会等;四是商工会所、企业实体等。

与职业教育有关的专门学校以所在地区的实际状况为基础,提供各种适应地区需要的职业教育课程。具体而言,由联邦劳动局发行《职业教育手册》,向社区居民传达各学校职业教育信息,以利于他们根据各自的需要,方便地利用学习机会。

商业性继续教育机构的教育形式以通讯教育为主。截至20世纪末,德国约有140个商业性继续教育机构,提供约600个职业教育课程。值得注意的是,其中部分课程还与商工会所实施的职业资格考试结合在一起。修完这类课程后,可以取得公认的职业资格证书。

由德国工会联合会为中心的各劳动工会也提供职业继续教育的机会。德国工会联合会在全德拥有约50个地区性职业继续教育中心,而且除了这些直属的教育机构,还通过技术员学校、商业专门学校、数据处理学校、通信学校等实施继续教育。

由商工会所、手工业会所等与企业直接相关的组织实施的企业内教育,其对象除了企业内的从业人员,还包括企业外的其他部门。其中特别受欢迎的是与商工会所举办的职业资格考试联系在一起的各种形式的教育训练课程。1977年的统计表明,该年度德国有29 507人报名参加由商工会所举办的职业资格考试,经考试合格的人数高达20 344名。具体的考试内容、报名人数和合格人数的情况,可参考表2。

表2　1977年德国商工会所举办的资格考试统计表

资格考试内容	参加人数	合格人数	资格考试内容	参加人数	合格人数
商业技术员			交通	37	28
簿记	2 856	1 615	保险	643	490
材料	290	253	外语技术员	2 968	2 142
成本核算	95	85	速记、打字	10 814	6 462
市场营销	43	98	协会专业人员		
组织	302	239	企业协会事务员	2 924	2 541
人事	771	683	专门协会事务员	1 290	1 069
数据处理技术员	290	244	训练协会事务员	574	482
技术员			秘书	1 230	784
银行	852	649	技师	71	64
房产、住宅	13	13	工场管理技术员	224	173
贸易	1 022	721	其他	786	668
工业	1 412	961	合计	29 507	20 464

注：引自日本国际交流中心.生涯教育的现状和课题[M].东京：综合研究开发机构,1981：129.

关于德国商工会所举办的职业资格考试,其合格人数之所以超过半数,据分析是因为该组织实施的相关职业训练不仅内容丰富,而且课时充足。

二、对参加职业继续教育的个人给予援助

在德国,个人参加职业继续教育可获得由联邦劳动局核发的援助金。联邦劳动局设立于1927年,其前身是半官半民

的机构,成立之初只是为了对失业者予以救济(失业保险)。1968年,联邦劳动局进行改组。1969年,《劳动促进法》颁布,联邦劳动局的性质也随之发生很大改变,依据新法规定,改组后的联邦劳动局可以开展教育训练活动。

联邦劳动局实施教育训练的经费一般由雇主和被雇佣者根据各自收入按一定比例(2%)支付,不足部分由联邦政府予以财政援助。

联邦劳动局予以个人援助的对象包括:(1)为取得更高职业资格者;(2)出于职业需要必须学习新技术和知识者;(3)女性求职者;(4)希望取得职业资格而未能成功者;(5)职业训练担当者;(6)老年再就职者;(7)希望转换职业者。经济援助的对象原则上必须参加两星期50个小时以上的训练课程,并以2年为限;参加的课程必须得到联邦劳动局的认可。

援助金的发放一般以最后一月工资的58%为标准,但符合以下条件者,可获取最后一月工资的80%:(1)失业者;(2)正面临失业危机者;(3)迄今为止未获任何职业资格者。除以上作为生活资助的援助金外,还有其他形式的补助,如听讲费、交通费、教材费等。

对于参加职业继续教育的人数和构成,联邦劳动局曾在1970年作过一次调查。该调查结果显示,年龄在20—53岁,以提高个人技能为目的参加职业继续教育的在职人员有170万(约占就业总人口的9.7%),而以转换职业为目的接受训练的在职人员有35万人(约占就业总人口的2%);从年龄分布来看,20—35岁这一年龄段的参加率最高。具体数据参见表3。

表3 1965—1970年德国接受职业继续教育的人员比例

	年龄(岁)	继续训练(%)	转职训练(%)	其他目的(%)	合计(%)	实际人数(万)
全体	20—35	13.2	2.7	84.2	100.0	791.6
	35—55	6.8	1.4	91.8	100.0	961.1
	合计	9.7	2.0	88.4	100.0	1 752.7
男子	20—35	15.9	3.2	80.9	100.0	
	35—55	8.6	1.7	89.6	100.0	
	小计	11.8	2.4	85.8	100.0	
女子	20—35	8.7	1.8	89.5	100.0	
	35—55	3.4	0.9	95.7	100.0	
	小计	5.9	1.3	92.8	100.0	

注：引自日本国际交流中心.生涯教育的现状和课题[M].东京：综合研究开发机构,1981：132.

第四节 德国终身教育的展望和评价

1985年,德国政府教育部发表题为《关于终身教育的提言》的纲领性文件。在这份文件中,政府就终身教育的今后发展方向归纳出三方面的重要认识：(1)随着社会技术和经济的发展,劳动力就业结构发生了急剧变化。在这一变化中,终身教育可为个人能力的发展提供帮助。(2)决定工业国家之间竞争的胜负的重要因素是劳动者的能力。终身教育对社会供需的灵活调整,以及市民对终身教育的自觉认识,将成为经济增长、社会安定和劳动力市场开拓的基本要素。

(3)为创造一个生气勃勃的社会,信息交流、市民的社会参与等十分必要。① 从上述认识来看,《关于终身教育的提言》不仅对终身教育的意义和未来发展的方针政策作出重要提示,而且显示出德国政府对实现和促进终身教育的普及的信心与决心。

德国终身教育的现状和发展有两个十分显著的特征。第一个特征是联邦制结构下,所有文化、教育等有关事项的决定权均属于各州政府。换言之,联邦政府对终身教育只有协调和援助的作用,而无强制和干涉的权力。正是这一事实造就了德国终身教育行政的地方性色彩,终身教育结构的多元化,实践活动的多样性等特色。第二个特征是发达的职业训练制度为终身教育、回归教育理念的全面实现奠定了基础。与其他发达国家相比,德国在终身教育、回归教育的普及方面几乎没有障碍。其原因大致有以下五点:(1)德国的职业教育体系已具备回归教育的特征。在德国的职业训练和职业教育体系中,凡有学习意愿者,均可获得继续深造和取得高一级职业资格的教育机会。(2)即使是与职业资格毫无关系的一般教养教育,也可通过国民高等学校和大学教育向社会开放等途径获得。(3)对于在青少年时代因各种原因未能完成学校教育的学习者,可以通过"第二条教育道路"继续学校时代的学习并获取学历。(4)为已进入职业社会的人,尤其是更多的只希望获取高级职业资格而不是文凭的人设置的教育课程十分丰富。(5)德国民众的生活和教育均已达到较高水平,因

---

① 木田宏,等.日本和德国的继续教育[M].东京:爱育出版社,1985.

而继续要求上升的意向暂不明显。基于上述现实,其他国家普遍具有的对教育改革的强烈要求,在德国社会似乎并不多见。而在以上一系列终身教育实践活动中,最引人注目的无疑是德国在职业教育体系与高等教育体系之间尝试进行的改革,即开辟"第二条教育道路"。若人们进入职业生活后还想继续深造,如何为其创造条件——通过怎样的教育途径为其"回归"大学开辟道路?这无疑是许多国家正在探索的课题。世界上已有一些国家在尝试进行这方面的改革,如瑞典实行了大学教育向社会人开放;中国通过专门设置成人高等学校和高等教育自学考试的方式满足社会人对学习的需求,等等。德国实施的"第二条教育道路"的改革,无疑为人们思考这一问题提供了切实可行的思路。

第九章 中国终身教育的发展现状和展望

发展终身教育是事关国家前途、民族发展和每个人素质提升的大事,构建终身教育体系是中国教育改革与发展的一项重要战略决策。

第一节 终身教育发展的中国经验[①]

现代社会已进入终身教育时代。20世纪60年代以来,终身教育思想在国际组织和机构的大力提倡与推广下,已成为世界众多国家教育改革的基本方针、战略决策,乃至提高国民整体素养的有效手段。中国同样如此。改革开放不仅着力于经济建设的发展,同时也加强了教育改革的力度,尤其是对终身教育的推进与发展。受"文革"影响,中国的终身教育相比先进国家有所落后,但在过去30多年间,得益于国家的重视和积极推动,构建终身教育体系、建设学习型社会如今不仅是国家宏观教育发展的目标,而且相关实践活动也已取得举世瞩目的成就。例如,终身教育体系赖以构建的基础——社区教育正以燎原之势蓬勃开展,记录居民终身学习活动的终身学习卡的运用,无入学门槛的开放大学的建立,认证学习者学习成果的学分银行的设置等,均在国际终身教育实践领域取得突飞猛进的发展。近年来正处于积极酝酿中的《终身教育法》的制定和相关讨论,更是受到社会各界的高度关注。因此可以说,改革开放的历史既是一部国家繁荣、经济腾飞的创业史,也是一部教育实现现代化、教育迈向终身化的发展史。

---

① 此文原载于《江苏开放大学教育》2016年01期,编入本书时有删减。

中国的终身教育发展虽已取得傲人成就,但政策层面的落实和实践领域的推进仍然面临众多的现实困境与理论瓶颈。只有对改革开放以来中国终身教育发展的历史进行全面总结与回顾,梳理其发展进程中具有重要影响的关键因素,才有可能认清终身教育发展的基本方向和体系构建面临的困境。同时,只有对问题表象背后隐藏的历史背景和社会现实进行深入细致的梳理,才有可能探寻到未来健康而有序发展的方案。

一、终身教育的酝酿期——成人教育的兴起与体系的建立

第二次世界大战结束是国际终身教育理念兴起的重要契机,成人教育活动的推进是终身教育发展的必然基础。中国成人教育的兴起和终身教育的发展,与第二次世界大战后国际社会面临的成人失学困境和提倡终身教育的契机具有某种相似的特质。

20世纪70年代末期到80年代中期,是中国终身教育发展的酝酿期,也是中国成人教育形态的形成、成人教育体系的建立,以及成人教育实践活动日益发展的时期。

(一) 成人教育的兴起

任何一种教育活动的形成、产生和演变,实际上都与当时的社会背景或历史条件有着深刻的关联。中国成人教育的兴起也不例外,无论是其产生还是之后的快速发展,都与改革开放的社会背景有关。1978年12月,党的十一届三中全会决定将党的工作重心转移到经济建设上来,改革开放的帷幕就此拉开。"文革"结束后,学校恢复正常,但由于传统教育体制不接受成人学生,"文革"期间产生的大量文盲或半文盲无法回

归学校接受教育,这一现状无疑会对经济建设重心的转移造成严重阻碍。为帮助错失学习机会的年轻人回归教育,中国引入"成人教育"这一概念,并给予积极扶持与推进,其标志是"双补"教育运动大规模开展,各种层次和类型的成人学校涌现,中国独创的成人自学考试制度在全国范围建立。1986年,国家教育委员会将成人教育作为国民教育体系的重要组成部分,确立其重要地位。于是,诞生于西方的"成人教育"概念开始在中国生根开花,并作为一种重要的教育形态得到当时社会的高度重视。[①]

(二) 成人教育体系的建立

这一时期,成人教育主要解决五类问题。

(1) 对已经走上各岗位,以及需要转换工作岗位或重新就业的工人、农民、干部、专业技术人员和其他从业人员进行相应的岗位培训,使他们在政治思想、职业道德、文化知识、专业技术和实际能力等方面达到本岗位的规范要求。

(2) 对已经走上岗位而没有接受完初等、中等教育的劳动者进行基础教育。

(3) 对已在职但达不到岗位要求的中等或高等文化程度和专业水平的人员进行相应的文化和专业教育。

(4) 为适应社会的迅速发展和科学技术日新月异的进步,对受过高等教育的人进行继续教育。

[①] "成人教育"是个外来术语,中国原先并没有这种教育形态,与其类似的是校外教育,它的产生可追溯至清末民初的通俗教育、民众教育和社会教育。中华人民共和国成立后,教育部曾设社会教育司,后更名"工农教育司",主管工农教育、扫盲教育,"文革"后又改称"成人教育司",现为职业教育与成人教育司。

(5)为建设文明健康科学的生活方式,满足人们日益增长的精神文化生活需求,对成人开展丰富多彩的社会文化和生活教育。①

依据以上实施内容与功能,中国逐渐建立起由成人学历教育和成人非学历教育构成的成人教育系统,如图3所示。从以上分析可知,中国现代成人教育的兴起,是基于提高从业人员的素质、提升在职人员的技能水平,以及满足他们对学历证书的需求而产生的。成人教育的兴起不仅对推动国家经济建设,满足成人进一步的学习需求具有重要意义,而且为建立校外教育体系,打破传统学校教育垄断的僵硬局面,以及建立真正围绕人的一生发展需要提供教育支持的终身教育体系奠定重要基础。"成人教育与终身教育具有某种天然的血缘关系"比喻的正是这种道理。

二、终身教育的初始期——理念的导入与方针的确立

20世纪80年代中期至90年代初期是中国终身教育发展的初始期。随着改革开放方针的确立,中国政治与经济形势日趋稳定和好转,对外交流渐次开放,尤其是教育界的对外开放,使得诞生于20世纪60年代中期,最受人关注的现代终身教育思潮传入中国。国际终身教育理念的引进,促使中国传统教育思想开始出现变革,即"人人学习,时时学习,处处学习"的终身学习思想逐渐深入人心。

---

① 国家教育委员会.国家教育委员会关于改革和发展成人教育的决定[EB/OL].(1987-06-23)[2004-04-13].http://learning.sohu.com/2004/04/13/11/article219821182.shtml.

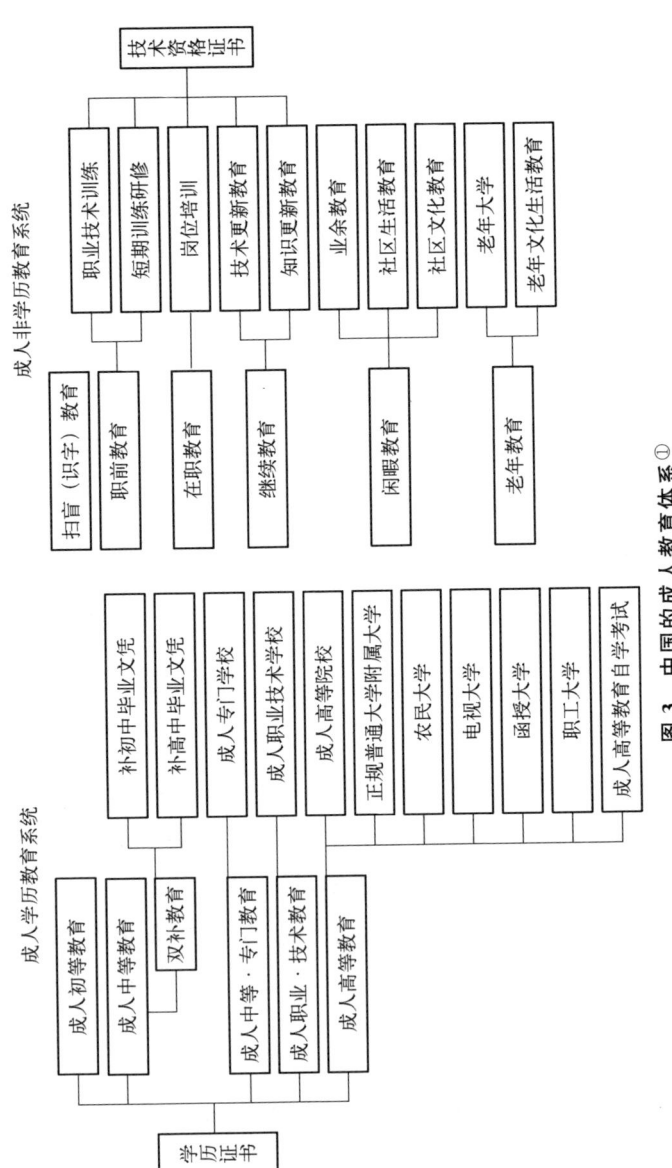

图 3 中国的成人教育体系①

① 吴遵民.现代中国终身教育论[M].上海:上海教育出版社,2003:213.

1979年5月,人民教育出版社在其出版的《业余教育的制定和措施》一书中,发表了张人杰撰写的《终身教育:一个值得关注的国际教育思潮》,稍后钟启泉翻译了朗格朗的名篇《终身教育的战略》。两篇文章均对终身教育理念诞生的社会背景、发展脉络、主要论点,以及部分发达国家实施终身教育政策的状况作了较为详细的介绍,[①]中国学者大都认为这是中国介绍终身教育的最初文献。1985年5月,朗格朗撰写的《终身教育引论》由周南照和陈树清翻译成中文出版。朗格朗亲自为该中文版撰写的序中写道:"在社会建设中已完成并将继续完成重大变革的中国,对终身教育观点及其包含的改革内容表现出明显的关注是很有意义的。"[②]在终身教育理念引入中国的过程中,还有一个具有重要意义的研究——联合国教科文组织撰写的《学会生存——教育世界的今天和明天》。该书由华东师范大学比较教育研究所翻译,一经出版即销售一空,并且在当时的教育界引发了一股讨论终身教育的热潮。随后,中国教育界又先后引进和译介了其他几部终身教育的重要著作,如持田荣一等人编写的《终身教育大全》、C.J.泰特缪斯(C.J.Titmus)的《培格曼国际终身教育百科全书》、阿瑟·J.克罗普利(Arthur J. Cropley)的《终身教育导论——心理学分析》等。其中,"教育应贯穿人的一生""学校教育不应成为年轻人的专利",以及"人应该在教育世界和劳动世界中不断回归并贯通人的一生"等思想与观念,尤其受人瞩目。

---

① 吴遵民.现代中国终身教育论[M].上海:上海教育出版社,2003:75.
② 保罗·朗格朗.终身教育引论[M].周南照,陈树清,译.北京:中国对外翻译出版公司,1985:序.

随着终身教育理念的引入和不断深化,其对中国教育观念的变革,尤其是基础教育的改革和成人教育的发展也产生了巨大影响。1993年,国务院修订《扫除文盲工作条例》,扩大扫盲教育的对象和范围,同时规定受教育者在扫盲教育结束后,还将继续参加业余小学或其他形式的教育活动。在稍早的1983年9月,由山东省红十字会发起,济南市设立全国第一所老年大学。之后的1988年12月,中国第一个民间性老年教育组织——全国老年大学协会成立。在这一时期,终身教育虽未被写入与教育相关的法律或政策文本,但其影响力已在各项教育改革,尤其是教育政策层面崭露头角。①

终身教育第一次被写入国家重要教育文献是在1993年2月,由国务院印发的《中国教育改革和发展纲要》(以下简称《纲要》)。《纲要》明确指出:"成人教育是传统学校教育向终生教育发展的一种新型教育制度,对不断提高全民族素质,促进经济和社会发展具有重要作用。"②有学者指出,《纲要》的这段表述,标志着终身教育从一种理念开始向一项具体的国家政策转变。随后的发展也充分证明,终身教育虽是引入的教育概念,但随着对其理解的不断加深及其影响力的不断增强,终身教育最终受到中国各级政府的高度关注,一跃成为中国教育政策文本的重要内容。

---

① 吴遵民,国卉男,赵华.我国终身教育政策的回顾与分析[J].教育发展研究,2012(17):53-58.
② 中共中央,国务院.中国教育改革和发展纲要[EB/OL].(1993-02-13)[2015-12-15].http://www.moe.gov.cn/jyb_sjzl/moe_177/tnull_2484.html.

三、终身教育的摸索期——政策的推进与实践的开展

步入 20 世纪 90 年代后,教育领域正常秩序的进一步恢复,社会经济的进一步加速发展,使得社会民众对教育改革的需求日趋强烈,教育改革随之在全国范围内全面展开。改革开放引发的建设热情,以及科学技术带来的经济发展,也使人们越来越深刻地体会到学校教育的局限和僵化。知识结构老化、教学内容陈旧、教育机制缺乏弹性都导致了人们对传统教育制度的质疑。20 世纪 90 年代全面启动的教育改革以教育体制和教育结构的改革为主线,就是传统教育体系已不能适应现代社会高速发展的反映。由于这一思路与终身教育倡导的"教育应贯穿人的一生"这一理念不谋而合,因此,加快对传统教育制度的改革和加强对终身教育理念的政策推进,成为这一时期的重要特征。而政府作为教育改革的推进主体,无形中也为终身教育的进一步发展和实践创造了良好机遇。① 具体而言,在这一时期,终身教育的探索是从政策的推进和实践的开展两个维度同时展开的。

(一)政策的推进

1. 终身教育写入《中华人民共和国教育法》

继国务院 1993 年颁布《纲要》并首次提倡终身教育,1995 年,全国人大通过并实施的《中华人民共和国教育法》在第十一条、第十九条和第四十一条中更为明确地规定:"国家适应社会主义市场经济发展和社会进步的需要,推进教育改革,促进各级各类教育协调发展,建立和完善终身教育体系。""使公

---

① 吴遵民.终身教育发展的中国经验[M].上海:上海人民出版社,2018:8.

民接受适当形式的政治、经济、文化、科学、技术、业务教育和终身教育。""为公民接受终身教育创造条件。"①上述法律条文的确立,意味着终身教育首次被中国法律认可。而终身教育写入《中华人民共和国教育法》本身,也证明终身教育已作为一项基本国策得到正式确立。自此以后,中国政府对终身教育的推动进入有法可依、依法保障的全面实施阶段。

2. 颁布《面向21世纪教育振兴行动计划》

1998年12月,教育部颁布《面向21世纪教育振兴行动计划》。这一具有重要导向作用的教育政策文献不仅重申了"终身教育将是教育发展与社会进步的共同要求",而且进一步提出应"开展社区教育的实验工作,逐步建立和完善终身教育体系,努力提高全民素质"的具体要求。② 尤其值得关注的是,《面向21世纪教育振兴行动计划》着重强调,"到2010年,基本建立起终身学习体系,为国家知识创新体系以及现代化建设提供充足的人才支持和知识贡献"。③需要指出的是,这份跨世纪的教育行动纲领前后三次强调指出,应建立终身学习体系,这无疑为迈入新世纪后的中国教育及其改革发展注入了新的元素与动力。④

3. 颁布《关于深化教育改革,全面推进素质教育的决定》

1999年6月,国务院再次颁布《中共中央国务院关于深化

---

① 全国人民代表大会.中华人民共和国教育法[EB/OL].(1995-03-18)[2015-12-15]. http://www.moe.gov.cn/publicfiles/business/htmlfiles/moe/moe_619/200407/1316.html.

②③④ 教育部.面向21世纪教育振兴行动计划[EB/OL].(1998-12-24)[2015-12-15]. http://www.moe.gov.cn/publicfiles/business/htmlfiles/moe/moe_177/200407/2487.html.

教育改革,全面推进素质教育的决定》。这份被视作新世纪教育改革风向标的重要政策文件,不仅继续强调应"逐渐完善终身学习体系",①积极"运用现代远程教育网络为社会成员提供终身学习的机会",②而且首次提出应注意提高"教师队伍终身学习自觉性"的要求。③一系列政策文件的出台,一系列强化终身教育发展政策精神的下达,都为探索期终身教育的发展注入了强大的生命活力。

(二)实践的开展

从整体上来看,这一时期对终身教育的关注仍较多地与成人教育的发展交织在一起。如前所述,各项与终身教育有关的政策也都与成人教育结合起来讨论。当时的思路是"鼓励发展各种形式的成人教育","使公民接受终身教育"。换言之,成人教育活动丰富多彩了,终身教育思想也就贯彻落实了。但随着对终身教育理论研究的深入,对终身教育的理解开始突破成人教育这一狭隘范畴,逐渐将目光投向各种教育资源的融合和各种教育形式的连结。例如,1998年《面向21世纪教育振兴行动计划》就提出"开展社区教育的实验工作,逐步建立和完善终身教育体系"。

综上所述,探索期终身教育的政策推进、理论研究和实践发展,已开始摆脱成人教育具有局限的视野,转向对各种教育资源和教育形态的整体衔接与融合的思考,如社区教育的快速发展就是这一思考的产物。

---

①②③ 国务院.中共中央国务院关于深化教育改革,全面推进素质教育的决定[EB/OL].(1999-06-13)[2015-12-15]. http://www.moe.gov.cn/publicfiles/business/htmlfiles/moe/moe_177/200407/2478.html.

四、终身教育的深化期——政策的深入和立法的拓展

随着改革开放的整体推进与深入,社会主义市场经济体制的逐步完善,尤其是经济发展带来的人民整体生活水平的提高,民众对精神层面的需求日益旺盛,继续教育、终身教育的意识不断增强,而这一切又进一步转化为促进教育改革深入发展的动力。2003年7月28日,党中央适时提出科学发展观的政治纲领,为教育改革带来新的活力与发展方向。政府开始更加关注教育的公益性、公平性和均衡性,而这也为终身教育从政策走向立法提供了重要契机和重要保障。

(一)终身教育成为国家发展战略

终身教育与终身学习的概念以越来越高的频率出现在党的历届代表大会会议报告或决议文件中,足以彰显党和政府在推进终身教育与终身学习方面的坚定立场与决心。

2002年11月,党的十六大报告强调指出,要"加强职业教育和培训,发展继续教育,构建终身教育体系";[①]要努力"形成全民学习、终身学习的学习型社会,促进人的全面发展"。[②] 2003年10月,《中共中央关于完善社会主义市场经济体制若干问题的决定》再次强调,要"深化教育体制改革。构建现代国民教育体系和终身教育体系,建设学习型社会,全面推进素质教育,增强国民的就业能力、创新能力、创业能力,努力把人

[①②] 全面建设小康社会,开创中国特色社会主义新局面[EB/OL].(2002-11-17)[2015-12-15].http://news.xinhuanet.com/newscenter/2002-11/17/content_632285.htm.

口压力转变为人力资源优势"。① 2004年9月,《中共中央关于加强党的执政能力建设的决定》中,明确要求"营造全民学习、终身学习的浓厚氛围,推动建立学习型社会"。② 2006年10月,《中共中央关于构建社会主义和谐社会若干重大问题的决定》中,提出要"深化教育改革,提高教育质量,建设现代国民教育体系和终身教育体系"。③ 2007年10月,党的十七大报告强调,要"发展远程教育和继续教育,建设全民学习、终身学习的学习型社会",④这一精神最终被写入2010年的《国家中长期教育改革和发展规划纲要(2010—2020年)》。2012年11月,党的十八大报告再次强调,要"完善终身教育体系,建设学习型社会"。2013年11月,《中共中央关于全面深化改革若干重大问题的决定》强调,"深化教育领域综合改革",推进"继续教育"改革发展,"试行普通高校、高职院校、成人高校之间学分转换,拓宽终身学习通道"。⑤ 2015年10月,党的十八届五中全会通过《中共中央关于制定国民经济和社会发展

---

① 中国共产党中央委员会.中共中央关于完善社会主义市场经济体制若干问题的决定[EB/OL].(2003-10-14)[2015-12-15].http://www.people.com.cn/GB/shizheng/1024/2145119.html.

② 中国共产党中央委员会.中共中央关于加强党的执政能力建设的决定[EB/OL].(2004-09-19)[2015-12-15].http://www.people.com.cn/GB/40531/40746/2994977.html.

③ 中国共产党中央委员会.中共中央关于构建社会主义和谐社会若干重大问题的决定[EB/OL].(2006-10-11)[2015-12-15].http://news.xinhuanet.com/politics/2006-10/18/content_5218639.htm.

④ 高举中国特色社会主义伟大旗帜,为夺取全面建设小康社会新胜利而奋斗[EB/OL].(2007-10-25)[2015-12-15].http://news.xinhuanet.com/newscenter/2007-10/24/content_6938568_7.htm.

⑤ 中国共产党中央委员会.中共中央关于全面深化改革若干重大问题的决定[EB/OL].(2013-11-15)[2016-01-31].http://www.gov.cn/jrzg/2013-11/15/content_2528179.htm.

第十三个五年规划的建议》,继续就"建立个人学习账号和学分累计制度,畅通继续教育、终身学习通道"作出部署。[①]

凡此种种,我们基本可得出以下结论:在这一时期,党中央和国务院不仅在出台的各种重要政策文件和重要工作报告中对终身教育的推动予以一贯的强调,而且将终身教育作为一项重要的改革动力和实践举措融入各项教育改革的具体政策举措之中,使终身教育成为一股推进社会发展的重要力量。

(二)终身教育立法的突破

随着政策层面力度的不断加强,深化期终身教育的立法也实现了零的突破,继 2005 年 8 月福建省制定《福建省终身教育促进条例》,五省市——上海、太原、河北、宁波也分别于 2011 年 5 月、2012 年 8 月、2014 年 5 月、2015 年 3 月制定《上海市终身教育促进条例》《太原市终身教育促进条例》《河北省终身教育促进条例》和《宁波市终身教育促进条例》。这五部地方性终身教育条例的出台,不仅标志着终身教育开始从政策层面上升到立法层面,而且也表明中国对终身教育政策和立法的研究已达到与世界先进国家接轨的水平。

(三)理论研究的繁荣

这一时期的理论研究也呈现出前所未有的繁荣景象。一些地方性终身教育研究机构纷纷成立,终身教育理论研究的专业队伍迅速壮大。2004 年,福建农林大学终身教育研究所

---

① 中国共产党中央委员会.中共中央关于制定国民经济和社会发展第十三个五年规划的建议[EB/OL].(2015-11-03)[2016-01-31]. http://news.xinhuanet.com/fortune/2015-11/03/c_1117027676.htm.

成立;2007年,集美大学终身教育研究所成立;同年,中国教育发展战略学会终身教育工作委员会成立;2010年,华东师范大学终身教育研究中心成立。

这一时期,学术研究成果在数量和质量上也有了较大提升。从成果涉及的范围来看,这一阶段对终身教育的认识也早已脱离成人教育的范畴,上升到终身教育体系整体构建的层面,并且采用了多学科、多元化的研究视角。这主要表现在,众多从事基础教育、高等教育的学者加入终身教育的研究队伍。例如,叶澜在《中国教育科学》发表的《终身教育视界:当代中国社会教育力的聚通与提升》就是其中具有代表性的论述。[1] 这也意味着,终身教育研究不再专属于某一领域,而是作为一种整体指导教育改革的思想或理念,逐渐成为一个庞大的研究范畴,如有研究终身教育基本理论的,也有研究国际比较的,还有深入实践,探索现实问题的,如社区教育、继续教育、开放大学等。

(四)实践范围的推进

理论研究的繁荣促进了实践活动的开展,这一时期的终身教育推广开始延伸到各个教育领域。例如,2001年教育部制定的《基础教育课程改革纲要(试行)》着重在课程改革的目标中指出,新课程改革要使学生"具有适应终身学习的基础知识、基本技能和方法"。[2] 新一轮基础教育课程改革的许多措施也都体现出终身教育、终身学习的思想,如强调学生学习方

---

[1] 叶澜.终身教育视界:当代中国社会教育力的聚通与提升[J].中国教育科学,2016(3):41-67,40,199.

[2] 教育部.基础教育课程改革纲要(试行)[EB/OL].(2001-06-08)[2015-12-15].http://www.moe.edu.cn/publicfiles/business/htmlfiles/moe/moe_309/200412/4672.html.

式的自主探究。近来又引入"学习共同体"的理念,期望以此化解学校教育的危机等。这些实践活动也顺应了终身教育向终身学习转变的趋势。①

除了对传统教育的变革产生影响,终身教育对原先受到忽视乃至轻视的校外教育的发展也给予了有力的支持和推进,如社区教育就得到了极大的发展。教育部在 2000 年 4 月颁布的《关于在部分地区开展社区教育实验工作的通知》中指出,"社区教育是实现终身教育的重要形式和建立学习化社会的基础",2001 年又公布了 8 个社区教育实验区,率先开展试点。至 2007 年 10 月,社区教育实验区已扩展到 114 个。2009 年,教育部重新公布了 98 个全国社区教育实验区;② 2013 年第五批全国社区教育实验区公布,又新增 45 个。③ 此外,从 2008 年开始,教育部开始陆续评选全国社区教育示范区,前三批共 90 个示范区。④ 社区教育实验区和示范区的评

---

① 刘秀峰,廖其发.新时期我国终身教育发展述评[J].继续教育,2011(6):18 - 20.

② 教育部.教育部关于重新公布全国社区教育实验区名单的通知[EB/OL].(2009 - 08 - 02)[2016 - 01 - 31].http://www.moe.gov.cn/srcsite/A07/moe_727/200908/t20090802_78905.html.

③ 教育部.教育部办公厅关于公布第五批全国社区教育实验区名单的通知[EB/OL].(2013 - 03 - 20)[2016 - 01 - 31].http://www.moe.gov.cn/srcsite/A07/moe_727/201303/t20130325_150111.html.

④ 教育部.教育部关于确定全国社区教育示范区的通知[EB/OL].(2008 - 02 - 13)[2016 - 01 - 31].http://www.moe.gov.cn/srcsite/A07/moe_727/200802/t20080213_78906.html.教育部.教育部关于确定第二批全国社区教育示范区的通知[EB/OL].(2010 - 11 - 29)[2016 - 01 - 31].http://www.moe.edu.cn/publicfiles/business/htmlfiles/moe/moe_727/201012/112401.html.教育部.教育部关于确定第三批全国社区教育示范区的通知[EB/OL].(2014 - 01 - 09)[2016 - 01 - 31]. http://www.moe.edu.cn/publicfiles/business/htmlfiles/moe/s7918/201401/163085.html.

选与发展,使这一深入基层的草根教育释放出巨大活力,"人人有学,时时可学,处处皆学"的理想慢慢转化为可以实现的行动。多样化的社区教育实验也产生了丰富多彩的成果,如终身学习卡制度、电子化社区、下午四点钟社区学校、居民大学听课证等,都为终身教育实践的本土化、草根化作出了有益的贡献。

尤其需要指出的是,终身教育的影响还拓展到社会发展层面,其典型就是作为国家重要战略目标和地方社会发展方案推动的学习型社会的建设。学习型社会的建设由上海于1999年率先提出;2000年,北京市政府也予以响应,提出要在全国"率先建立起终身学习和学习型社会的基本框架";2001年,大连市政府专门制定《关于建立学习型城市的意见》,之后,宁波、常州、南京、杭州等多座城市的市政府先后印发关于建设学习型城市的实施意见与相关文件,一些城市还专门设立推进学习型城市建设工作指导委员会或办公室。目前,建设学习型城市的浪潮已遍及长沙、济南、太原、武汉、成都、长春、广州、哈尔滨、合肥、深圳等95个城市。[①]

为进一步推进并巩固以上成果,教育部在2012年及时开展了相关机构的调整与改革。例如,在职业教育与成人教育司设立继续教育办公室来全面统筹终身教育的发展,以及开展部分电视大学转型开放大学的试点改革等。上述改革动向无疑清楚地显示出终身教育的发展开始进一步朝着组织机构

---

① 国卉男,吴遵民,韩保磊.中国学习型城市建设:从国际到本土的嬗越与重构[J].开放教育研究,2015(6):112-118.

的建立、推进机制的完善等实体层面构建的方向发展,其顶层设计的决策导向和特征十分鲜明。

五、终身教育发展的未来展望

总结与回顾中国终身教育的发展历程,呈现的是一个从成人教育迈向终身教育的实践轨迹。在改革开放正确方向的指引下,中国只用了30多年的时间就后来居上,在实践上赶超欧美,直追日韩。尤其是在学习型社会的建设方面,更是践行了联合国教科文组织关于终身教育、终身学习应旨在保障公民学习权和提高公民素养,实现人性健全、人格完善的价值取向与目标基础。中国之所以能取得这些成就,主要是因为具备了三个方面的条件和因素。第一,政府作为推动主体,承担起正确导向、积极引领、大力推进,以及有作为有担当的责任。第二,民众的热情响应和强烈期待。在国家经济建设取得极大成就的同时,中国民众开始思考"小康"的含义,即不满足于衣食住行的富裕,进一步追求精神教养的提升和生活品质的提高。第三,学术界的积极呼应和及时跟进。无论是在改革开放之初引入终身教育理念,还是在深入推进终身教育发展的政策过程中,学术界始终走在实践的第一线;研究者积极解读政策,及时传达民声,为终身教育的发展始终沿着一条上通下达、上下一心的正确、健康的轨道前行提供保障。

在总结改革开放取得的重大成就的同时,我们仍需保持清醒的头脑,认真审视今后发展过程中可能遭遇的问题和瓶颈。对此,我们将在第二节中予以深入讨论。

第二节 中国终身教育体系构建的思考[①]

构建终身教育体系是中国教育改革与发展的一项重要战略决策。早在20世纪90年代,构建终身教育体系并确立其在中国教育改革与发展中的重要地位的课题便已提上议事日程。1995年出台的《中华人民共和国教育法》第十一条明确规定:"国家适应社会主义市场经济发展和社会进步的需要,推进教育改革,促进各级各类教育协调发展,建立和完善终身教育体系。"[②]此后,每年的政府工作报告及其要点中都必然会提到建立终身教育体系和与此相关的问题。2010年颁布的《国家中长期教育改革和发展规划纲要(2010—2020年)》同样将"构建体系完备的终身教育体系……促进全体人民学有所教,学有所成,学有所用"的目标提升到教育改革与发展战略的高度。[③]

但是,从国家和地方整体的发展状况来看,无论是体系构建还是立法保障等方面,一些重大举措至今仍停留在理论酝酿或空泛讨论阶段,实质性的进展或突破性的举措几乎没有。经过几十年的努力,中国终身教育体系为何仍然难以构建?

[①] 原载于《现代远程教育研究》2014年03期,并被《新华文摘》2014年第19期全文转载。编入本书时有所删减。

[②] 全国人民代表大会.中华人民共和国教育法[EB/OL].(1995-03-18)[2010-07-29]. http://www.moe.edu.cn/publicfiles/business/htmlfiles/moe/moe_619/200407/1316.html.

[③] 国务院.国家中长期教育改革和发展规划纲要(2010—2020年)[EB/OL].(2010-05-05)[2010-07-29]. http://www.moe.edu.cn/publicfiles/business/htmlfiles/moe/moe_177/201008/93785.html.

阻碍终身教育体系建立的现实问题和当代困惑又是什么？对此，我们应采取怎样的措施，付出哪些方面的努力，才能扫清发展的障碍？下面的探讨旨在推进终身教育体系构建之际亟待研究和解决的基本问题。

一、终身教育体系构建达成的国际共识

历经半个多世纪的推广和发展，终身教育的基础理论与实践活动都获得了长足进步，终身教育理论及其体系构建等主要领域形成了一些基本共识。

共识之一：终身教育体系形成的关键，是通过围绕人的一生需要，重新有序、有效地整合各种教育资源，以打破因各种或历史或现实等原因形成的存在于学校与学校外教育资源之间割裂、分离的鸿沟和壁垒。

共识之二：终身教育的主体是学习者自身，终身教育应始终贯彻"自由、自主、自助"的原则，构建终身教育体系的基本原则之一是确立公民应享有的基本教育权利。

共识之三：构建终身教育体系的终极目标是实现学习社会，而学习社会的根本宗旨是体现"人生真正价值的转换"，即学习的最终目的不是经济或职业上的需求和利益，而是提升自身的生活品质和精神教养水平，以实现人的"贤、乐、善"为根本目标。[1]

---

[1] R.M. Hutchins. The Learning Society [M]. New York: Frederick A. Praeger Inc, 1968.

二、中国终身教育体系构建的现状

改革开放后,在政府的重视和大力推进下,中国终身教育在理论与实践上都取得了一些成就,缩短了与世界发达国家之间的距离。然而,当前令各级政府和学术界感到困惑的是,几十年来一贯倡导的终身教育体系至今仍停留在口头推行和文件批转层面,未有纵深推广和突破性成果。例如,中国仍未建立起体系构建所需的支撑性政策和立法机制,各种教育机构之间横向割裂的状态依然普遍存在,教育资源也未能有效整合,国家层面推动终身教育的指导管理机构也未曾建立,鼓励全民参与终身学习的奖励机制也仍是空白。具体而言,当前影响和阻碍终身教育体系构建的各种困惑与问题主要体现在以下四个方面。

(一)终身教育体系与既有国民教育体系的概念界定仍未明晰

1995年,《中华人民共和国教育法》提出"建立和完善终身教育体系",[①]构建终身教育体系随即成为中国促进教育改革与发展的重要政策和战略导向。2002年11月,党的十六大报告《全面建设小康社会,开创中国特色社会主义事业新局面》中,就教育发展的战略决策提出了"构建终身教育体系"和"形成比较完善的现代国民教育体系"两个发展目标。[②] 这是

[①] 全国人民代表大会.中华人民共和国教育法[EB/OL].(1995 – 03 – 18)[2010 – 07 – 29]. http://www.moe.edu.cn/publicfiles/business/htmlfiles/moe/moe_619/200407/1316.html.

[②] 全面建设小康社会,开创中国特色社会主义事业新局面[EB/OL].(2002 – 11 – 08)[2010 – 07 – 29]. http://cpc.people.com.cn/GB/64162/64168/64569/65444/4429125.html.

终身教育体系与国民教育体系首次同时出现在党代会的重要文件中。党的十七大报告《高举中国特色社会主义伟大旗帜，为夺取全面建设小康社会新胜利而奋斗》中继续沿用两个"教育体系"的说法，但描述较前更为精练："现代国民教育体系更加完善，终身教育体系基本形成，全民受教育程度和创新人才培养水平明显提高。"①2010年7月29日，备受关注的《国家中长期教育改革和发展规划纲要（2010—2020年）》正式公布，这是中国进入新世纪后的第一个教育规划，也是其后十年内指导全国教育改革与发展的纲领性文件。虽然这份规划纲要对包括教育发展战略与目标在内的各种方针和政策作了全面阐述，但是关于困扰学术界的"两个体系"的界定仍未取得重大突破，而是基本沿袭了十七大报告的提法，其具体表述为"现代国民教育体系更加完善，终身教育体系基本形成，促进全体人民学有所教、学有所成、学有所用"。②

相对于党的十六大报告首次提出构建终身教育体系的方针，以及与国民教育体系并列的"两个体系"论，党的十七大报告和《国家中长期教育改革和发展规划纲要（2010—2020年）》努力明确两者之间的关系，指出唯有在"具体形态"下的"各种"国民教育得到充分完善，方能基本实现"理念中"的终身教育体系构建。相比前者的表述，后者显然已有明显进步。

---

① 高举中国特色社会主义伟大旗帜，为夺取全面建设小康社会新胜利而奋斗[EB/OL].(2007-10-25)[2010-07-29].http://cpc.people.com.cn/GB/104019/104099/6429414.html.

② 国务院.国家中长期教育改革和发展规划纲要（2010—2020年）[EB/OL].(2010-05-05)[2010-07-29].http://www.moe.edu.cn/publicfiles/business/htmlfiles/moe/moe_177/201008/93785.html.

但一个国家不可能同时存在两种教育体系,相较于新形势新理念下产生的终身教育体系,固有的国民教育体系又该如何转型和变革,乃至进一步完善,已成为教育界面临的新挑战新机遇。然而,如今依旧使用的"貌合神离"的表述,不仅在学理层面存在误区,而且对一线教育实践者和指导者而言,也难以产生实际有效的指导和引领作用。若在概念界定层面都无法取得完全一致的认识,则终身教育体系的具体构建必会遭遇困境。2012年,党的十八大报告虽未再提国民教育体系,而是直接就"完善终身教育体系,建设学习型社会"提出要求,但如何解决国民教育体系与终身教育体系的内涵界定和整合问题,仍需学术界在理论和实践的研究与推进过程中作出进一步论证,以得出一个符合时代特征的科学结论。

(二)校外教育发展面临的体制问题长期得不到解决

校外教育是相对正规学校教育而言的各种学校以外的非正规和非正式的教育形态。就人的一生而言,个人接受正规学校教育的时间实际上非常短暂和有限,因此,若要推动个人的不断成长与完善,学校后的继续教育乃至终身教育更为重要。换言之,校外教育资源能否得到充分利用,校外教育能否得到长足发展,对终身教育体系的构建与完善极为关键。

改革开放后,随着人们的教育需求日益增长,与正规学校教育一样,社区教育、老年教育、职业培训等各种形式的校外教育均取得长足进步,这极大促进了终身教育实践活动的推广。但是,受制于顶层政策框架设计的匮乏,以及校外教育理论研究的缺失,各种形式的校外教育普遍面临体制和机制的发展困境,甚至一些曾经十分繁荣的教育形态也因社会形势的急剧变化而面临终结。

以成人教育为例,这一校外教育形态伴随改革开放的需要在中国兴起并逐渐发展壮大,担负着为走上工作岗位的成年人提供补偿教育、学历教育、岗位培训和市民精神教养教育等历史重任,在20世纪80年代曾被列为国民教育体系四大组成部分之一。然而,进入新世纪后,随着"两基"的完全普及,高等教育大众化的实现,人口素质的不断提升,以及社区教育的日益兴起,成人教育开始陷入发展瓶颈,开始面临消亡的危胁。[①]

社区教育的发展也是如此。30年的推动与发展虽使社区教育在促进居民终身学习,提高居民文化素养,维护地区稳定与发展等方面发挥了不可估量的作用,但由于得不到立法保障,社区教育至今仍未被列入国民教育体系的序列,其工作者队伍也面临无培养途径、无职称系列、无岗位编制等困境。如果这种状况延续下去,若干年后,随着社会形势的再次变化,当下十分兴盛的社区教育也将与成人教育一样,陷入凋零萎缩的境地。而这一后果造成的更大损失与危害,实际上是人力、物力和财力的大量浪费。因此,若没有形成成熟而发达的校外教育资源的有效整合路径,并通过立法解决体制和机制的各种困境,终身教育体系的构建便无异于一句空话。

(三)终身教育"立交桥"与各种教育资源整合的困惑

联合国教科文组织在倡导终身教育之初,曾使用英语

---

① 吴遵民.中国成人教育会终结吗?——新时期我国成人教育面临的重大危机与挑战[J].开放教育研究,2013(4):20-25.

"life-long integrated education"。其中,"integrated"即有"统合"之意。按终身教育理念的创始人、法国成人教育学家朗格朗的观点来看,统合指"每个个人在自己不产生矛盾的情况下,就教育训练的不同阶段作出统一和协调的努力"。[①] 就终身教育体系构建的本质而言,就是要为人一生不同阶段的发展提供教育帮助,因此,统合学校与学校外教育的各种资源,使其围绕人一生发展的需要发挥促进和提供条件的作用,无疑非常重要。这不仅是构建终身教育体系的意义之所在,而且是形成终身教育体系的关键因素。换言之,若要构建国家的终身教育体系,必须对学校与学校外教育的资源进行有效统合,即在两者之间架起有机连接的"立交桥",并对学校外各种因历史的、行政组织归属的乃至利益博弈的原因造成的纵向割裂、横向阻断的体制和机制予以整体性变革,通过顶层设计的方式使各种原本互不关联、互不融合的教育资源得以连接贯通并有效利用,最终实现协调与统合的目标。无疑,实现以上目标不仅是构建终身教育体系的关键,也是打通各种教育壁垒和阻隔的重要手段。但这一重要理念的实现在中国遭遇到最为严重的困难与阻碍。且不说学校与学校外教育资源的整合,"正规"与"非正规"、"体制内"与"体制外"的障碍就是不可越过的首要问题,而"体制外"的非正规教育,其内部也因各自的归属不同、行政管辖的机构不同而面临难以有效整合的困境。例如,社区教育属街道管辖,而各种成人教育由教育

---

① 保罗·朗格朗.终身教育入门[M].波多野完治,译.东京:全日本社会教育联合会,1984:58.

部门或民间机构举办,另有一些由各种社会团体或个人举办。归属的不同,加之利益的关系,单纯学校外教育资源的整合难免呈现出"剪不断,理还乱"的状况,而这一问题若得不到有效解决,终身教育体系的构建就无法真正落到实处。

（四）国家终身教育立法难以实现

进入 21 世纪,教育部公布的《教育事业"十五"规划和 2015 年发展规划》首次明确提出"研究起草推进终身学习的法律法规"的设想。① 受其影响,自 2002 年开始,研究并起草《终身教育法》几乎成为每年教育部年度工作的要点。② 但遗憾的是,以上倡议已提出近二十年,国家层面的《终身教育法》却仍处于空白状态。国家终身教育立法的止步不前,也真实地反映出中国终身教育难以深入开展的困顿局面。

2005 年 7 月 29 日,作为地方性终身教育法规,福建省制定的《福建省终身教育促进条例》获得地方人大会议通过,这部地方条例不仅明确了政府推进终身教育的职责,规定设立终身教育促进机构(终身教育促进委员会)和建立终身教育活动日,而且确定了媒体的宣传职能等法定内容。这是中国以法律形式明确在国内现有条件下区域性终身教育事业如何开展和推行的首个实例。《福建省终身教育促进条例》的制定,不仅极大地推动了中国终身教育的政策实践,而且为终身教育由一个理念、一种思潮转为具体可行的政策举措乃至立法原则作出了贡献。但是,由于此条例在起草之初即由学者及

---

① 教育部.全国教育事业"十五"规划和 2015 年发展规划[EB/OL].(2004-02-18)[2010-07-29].http://www.edu.cn/20040218/3099196_1.shtml.
② 国卉男.中国终身教育政策研究[D].上海：华东师范大学,2013.

民间团体为主来推动,因而政府职能基本处在缺失状态,政府的缺位也导致了该条例在实施过程中的空乏无力,如实质性的终身教育体制机制并未建立,教育资源的整合与衔接未有重大突破,终身教育经费的来源未予明确规定等。由此,这一地方条例变成一部仅具象征意义的"空法"。[①] 同样的问题也出现在2011年公布实施的《上海市终身教育促进条例》中,该条例狭隘化终身教育的内涵,将各级各类正规学校教育均排除在终身教育体系之外,大量在社区开展的具有教育意义的文化休闲乃至娱乐身心的活动也不在推进之列。这使期待依托立法实施的各种扎根社区的终身学习活动失去赖以生存的法律基础。

简言之,通过立法充分发挥各种教育资源的作用,同时加大统筹整合各类教育与文化资源的力度,以提供多元、多样的满足公民学习需求的教育课程或学习活动,无疑对促进公民的终身学习具有重要作用,而这种局面的形成需要在立法层面制定必要的法律规范和规定。

三、终身教育体系构建的关键举措

面对构建终身教育体系过程中遭遇的现实困境,理论界以及地方政府在实践过程中也曾针对不同问题从不同层面提出一些有益的解决对策。例如,为激励普通市民参与终身学习活动,一些地区实施了终身学习卡制度,地区居民凡参与一

---

① 吴遵民,黄欣,蒋侯玲.终身教育立法的国际比较与评析[J].外国中小学教育,2008(2):1-9.

定数量的学习活动即可获得物质奖励。又如,为满足更多民众终身学习的需求,上海开放大学创设了学分银行制度,普通市民不需要考试即可直接入学,而平时参加的各种学习活动与课程,经学分银行认可后还可积累学分,供个人获取学历或资格证书使用。但是,若要论及国家层面的终身教育体系的构建,则仍然任重道远。目前,终身教育体系的构建存在的最为核心与关键的问题,乃是国家层面缺乏实质性的行政推动机构。对于终身教育体系的构建,虽在理念上已基本形成共识,但在具体实施层面,如整合各种教育资源、协调各种教育关系、搭建各种教育平台等一些必须通过顶层设计和制定强有力政策予以推进的举措,则因行政机构的缺失和主管部门的缺位而无法深入推进与落实。换言之,中国虽早已确立构建终身教育体系的政策导向,而且事实已证明这一目标不仅符合国内教育发展的现实需要,而且已实现与国际教育的发展趋势接轨,但重要的推动力量,即具体实施上述目标的执行主体,尤其是公权力架构的行政主体依然处于空白状态。中国至今仍未在国家层面建立直接主管和推动终身教育实施的行政机构,仍以传统的学校教育管理机制和模式来发展终身教育,因此在实践过程中出现诸多功能不匹配和人为的制度屏障在所难免,更无计可施。例如,因为没有一个直接管理终身教育的行政机构,所以无论是校内的还是校外的教育文化资源都难以得到有效整合;由于缺乏顶层设计和政策统筹,各种教育机构各自为政、互不贯通,终身教育推进过程中条块分隔、多头管理,教育资源重复与浪费的现象更是屡见不鲜。

需要指出的是,根据《国家中长期教育改革和发展规划纲要(2010—2020年)》的基本精神,教育部设立了继续教育办公室,并赋予其推动终身教育具体事务的权力。① 从表面上看,这一机构的设立似乎解决了终身教育因主管部门的缺失与缺位而面临的无法深入推进的困境,然而,继续教育只是对应学校教育并衔接学校后教育的一种形态,本隶属于终身教育体系的范畴(见图4)。

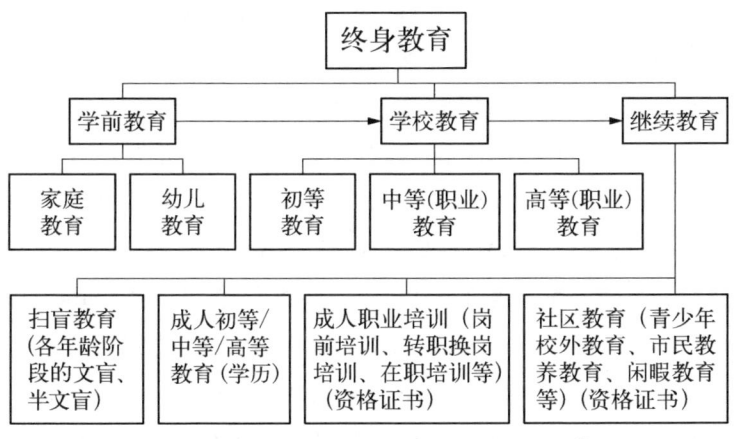

图4 继续教育在终身教育体系中的定位②

由图4可知,继续教育只是终身教育体系中的一个基本组成部分,并完全隶属于终身教育的范畴。因此,教育部期望通过设立继续教育办公室这一机构承担终身教育体系构建的

---

① 根据《教育部办公厅关于成立综合改革司等机构及相关职能调整的通知》(教人厅〔2012〕5号),设立教育部继续教育办公室。主要职责是:协调推动终身教育体系建设,宏观管理社区教育、职工教育、社会培训等各类非学历继续教育,指导并管理成人教育、网络和远程教育、自学考试等各类学历继续教育。日常工作由教育部职业教育与成人教育司相关处承担。

② 吴遵民.中国成人教育会终结吗?——新时期我成人教育面临的重大危机与挑战[J].开放教育研究,2013(4):20-25.

重任,就好比以一个下位概念去包容一个上位概念,以一种局部性的教育形态去统筹一种整体性的教育形态,其结果只能是于理论层面陷入更大的理解误区,导致终身教育体系在构建过程中出现更大的实践困惑。对此,笔者的建议是,应在教育部专设终身教育推进办公室,即通过这一中央层面行政机构的设立,将终身教育的定位从成人教育、继续教育的狭小范畴拓展到整个教育领域,由此也可以解决行政归属上将终身教育划归职业教育与成人教育司这一狭隘化的推进困境。在国家层面设立终身教育专门行政机构的做法,国外早有先例。日本在1988年将原文部省的社会教育局升格为终身学习局,下设终身学习振兴课,其重要职能就是制定终身教育政策,促进终身教育事业的发展,以及协调与其他部局等行政机构的关系。[①] 韩国也在2008年由教育科学技术部(Ministry of Education Science and Technology,MEST)专门设立终身教育振兴院(National Institute of Lifelong Education,NILE),其主要职责是促进韩国全国终身教育事业的发展,包括知识援助、政策拟定、项目开发,以及对终身教育的成果进行评估认证,对终身教育体制进行运营和管理。韩国终身教育振兴院直接受韩国教育科学技术部领导,由韩国自学学位考试院、学分银行中心(Credit Bank System,CBS)和终身教育中心(National Center of Lifelong Education,NCLE)三个部门整合而成。[②] 因此,以设立继续教育办公室的形式推动终身教

---

① 日本生涯教育学会.生涯学习事典(增补版)[M].东京书籍,1992:271.
② 奇永花,张蕊,吕文娟.韩国终身教育的中枢机构——韩国终身教育振兴院[J].终身教育,2011(1):94-98.

育,实乃对终身教育内涵的极大误解。此举不仅无助于终身教育体系的构建,而且对未来终身教育的发展也会造成负面影响。总之,加大中央层面终身教育机构的改革力度,加强政府行政力量的有效影响,继续深化对终身教育理念的理解程度,才有可能打破当前中国终身教育体系构建面临的僵局,突破长久以来由体制机制的壁垒导致的教育资源难以整合的困境。

发展终身教育是事关国家前途、民族发展和每个人素质提升的大事。终身教育体系的构建必须集聚全国的力量,由政府牵头进行顶层设计,并充分调动全体民众的积极性。2019年2月,中共中央、国务院颁布《中国教育现代化2035》,首次提出要构建"服务全民终身学习的教育体系"的发展目标。[①] 这一最新政策导向无疑为教育面向未来、教育回归终身吹响了集结号。为早日实现这一远大目标,我们仍需再接再厉,以期在国际终身教育舞台提供中国成果,演绎中国故事,分享中国经验。

---

① 中共中央,国务院.中国教育现代化2035[EB/OL].(2019-02-23)[2021-06-17].http://www.gov.cn/zhengce/2019-02/23/content_5367987.htm.

主要参考文献

保罗·弗莱雷.被压迫者的教育学[M].小泽有作,楠原彰,柿沼秀雄,伊藤周,译.东京：亚纪书房,1994.

保罗·弗莱雷.为了自由的文化行动[M].柿沼秀雄,译.东京：亚纪书房,1992.

保罗·朗格朗.终身教育入门[M].波多野完治,译.东京：全日本社会教育连合会,1971.

毕淑芝,司荫贞.比较成人教育学[M].北京：北京师范大学出版社,1994.

波多野完治.生涯教育论[M].东京：小学馆,1972.

持田荣一,森隆夫,诸冈和房.生涯教育事典[M].东京：行政出版社,1979.

宫坂广作.生涯学习的理论[M].东京：明石书店,1990.

顾明远.教育大辞典(第3卷)[M].上海：上海教育出版社,1991.

郭伯农.现代企业制度和现代企业教育[J].上海成人教育,1994(6)：4-6.

海老原治善.资料·现代世界的教育改革[M].东京：三省堂,1983.

捷尔比.生涯教育——被压制和解放的辩证法[M].前平泰志,译.东京：东京创元社,1983.

捷尔比.生涯教育的理念[M].海老原治善,译.东京：Eidell研究所,1988.

末本诚.生涯学习论[M].东京：Eidell研究所,1996.

日本国际交流中心.生涯教育的现状和课题[M].东京：综合研究开发机构,1979.

日本国际交流中心.生涯教育的现状和课题[M].东京：综合研究开发机构,1980.

日本国际交流中心.生涯教育的现状和课题[M].东京：综合研究开发机构,1981.

日本社会教育学会.现代社会教育的理念和法制[M].东京：东洋馆,1996.

日本生涯教育学会.生涯学习事典(增补版)[M].东京：东京书籍,1992.

三轮建二.现代德国成人教育方法论[M].东京：东海大学出版社,1995.

上杉孝实.地域社会教育的展开[M].东京：松籁社,1993.

室俊司.生涯教育的研究[M].东京：东洋馆,1972.

吴遵民.试论日本生涯学习振兴法的制定背景、过程及问题[J].上海成人教育,1997(9):39-41.

吴遵民.现代中国成人教育的动向和问题[J].日本社会教育学会第40届研究大会,1995.

吴遵民.中国终身教育体系为何难以构建[J].现代远程教育研究,2014(3):27-31,38.

吴遵民.终身教育发展的中国经验——改革开放37年终身教育的历史回顾与展望[J].江苏开放大学学报,2016,27(1):10-18.

小川利夫.生涯学习和公民馆[M].东京：亚纪书房,1987.

新井郁男.面向学习社会——报告和劝告[M].东京：至文堂,1979.

新井郁男.学习社会论[M].东京：第一法规出版社,1982.

叶澜.终身教育视界：当代中国社会教育力的聚通与提升[J].中国教育科学,2016(3):41-67,40,199.

叶立群.成人教育学[M].福州：福建教育出版社,1995.

伊凡·伊里奇.去学校化社会[M].小泽周三,译.东京：东京创元社,1991.

元木健,诸冈和房.生涯教育的构想和展开[M].东京：第一法规出版社,1984.

图书在版编目（CIP）数据

现代国际终身教育论 / 吴遵民著. — 修订本. — 上海：上海教育出版社，2021.8
ISBN 978-7-5720-1073-6

Ⅰ. ①现… Ⅱ. ①吴… Ⅲ. ①终生教育 – 概况 – 世 Ⅳ. ①G729.1

中国版本图书馆CIP数据核字(2021)第157807号

责任编辑　王佳悦
书籍设计　郑　艺

现代国际终身教育论（修订本）
吴遵民　著

出版发行	上海教育出版社有限公司	
官　网	www.seph.com.cn	
地　址	上海市永福路123号	
邮　编	200031	
印　刷	上海叶大印务发展有限公司	
开　本	889×1194　1/32　印张8.5　插页2	
字　数	177千字	
版　次	2021年10月第1版	
印　次	2021年10月第1次印刷	
书　号	ISBN 978-7-5720-1073-6/G·0841	
定　价	69.00元	

如发现质量问题，读者可向本社调换　电话：021-64377165